完全保存版

始める・やり直す

40歳からの山登り

ケガなく長続きする知恵と裏技

クラブツーリズム株式会社
ＮＰＯ法人　ＣＳＰ(クリエイティブ・スポーツ・パートナーズ)

阪急コミュニケーションズ

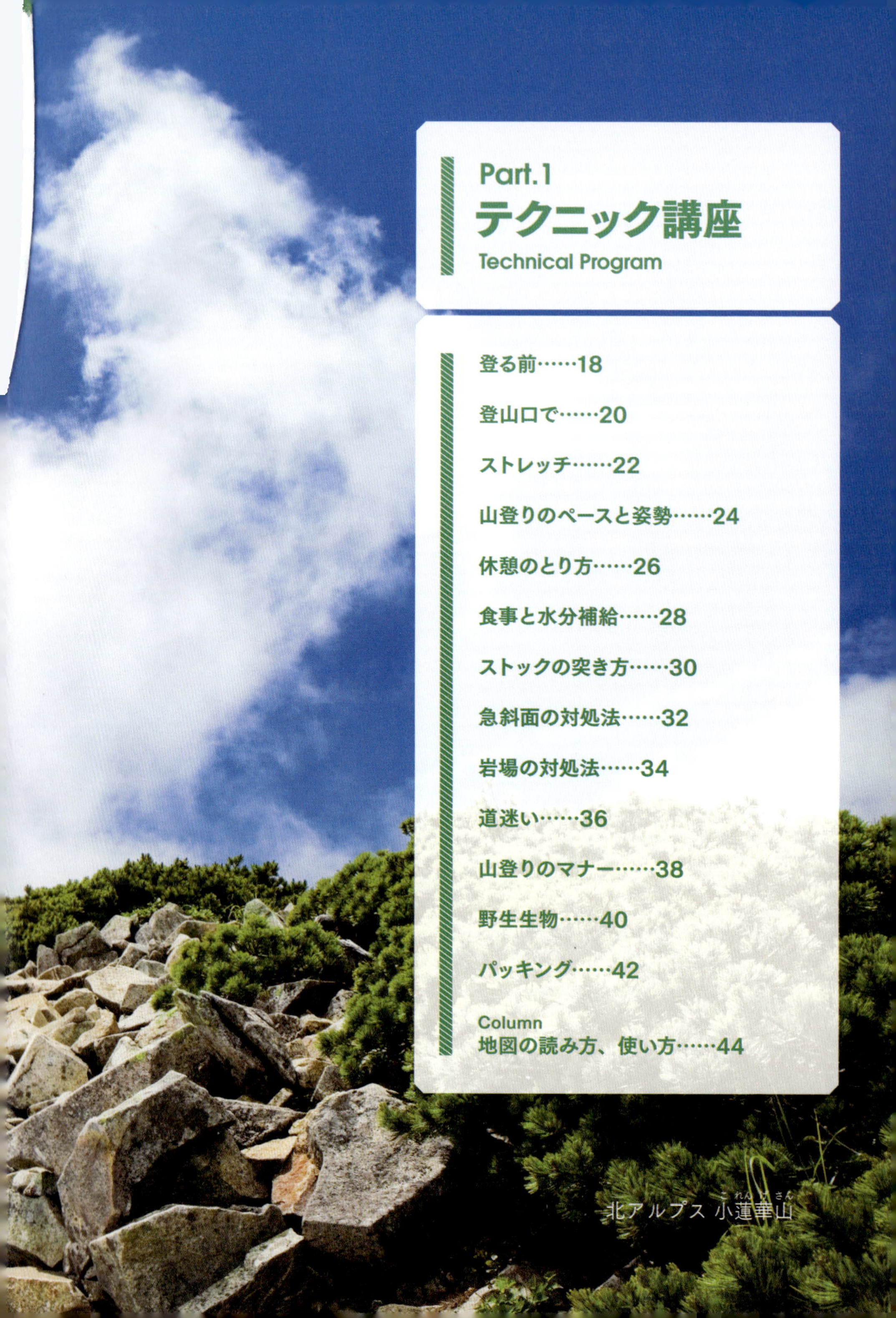

Part.1
テクニック講座
Technical Program

北アルプス 小《こ》蓮《れん》華《げ》山《さん》

Part.2

山のアイテム講座

Material Program

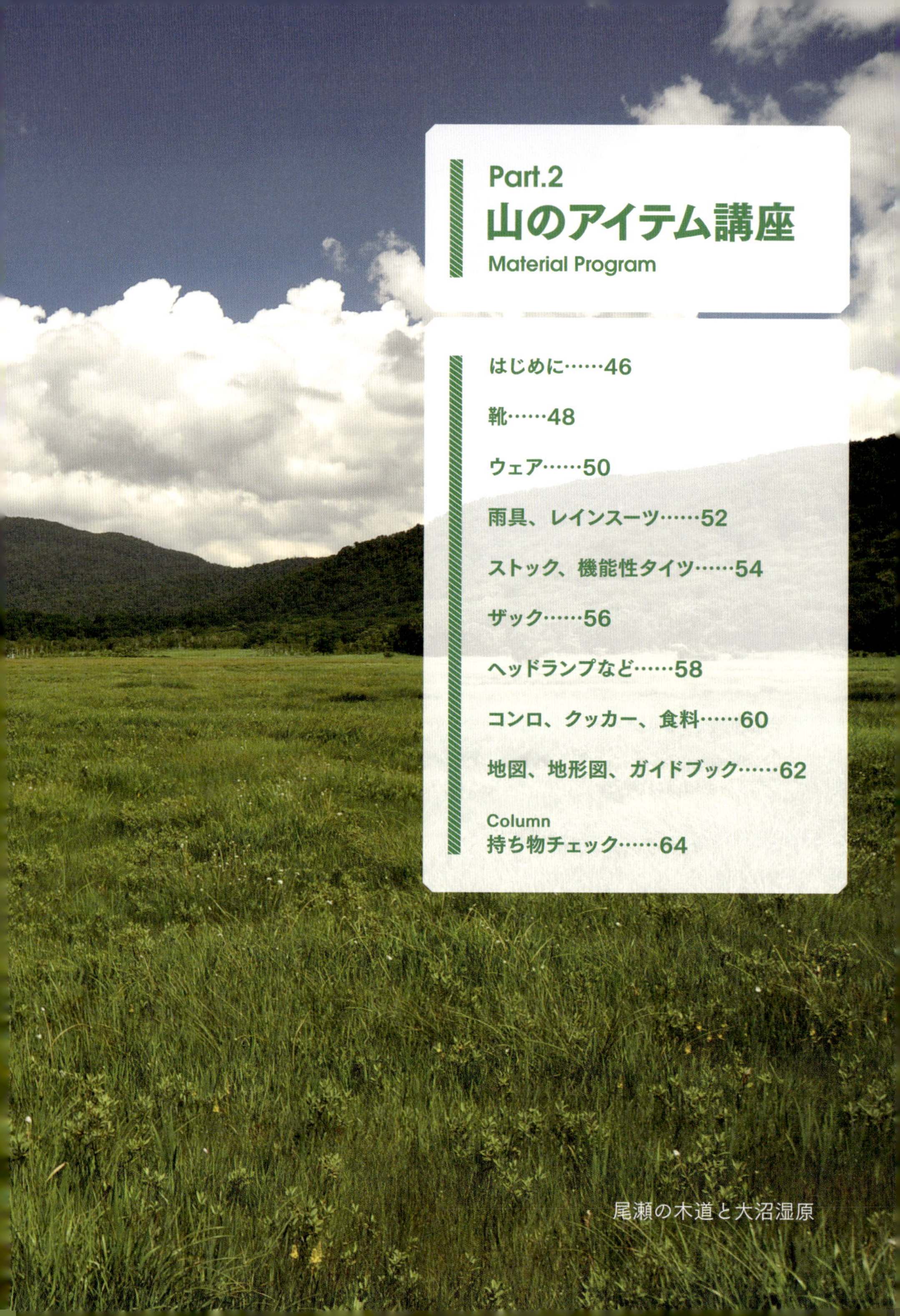

尾瀬の木道と大沼湿原

愛読者カード

■本書のタイトル

■お買い求めの書店名(所在地)

■本書を何でお知りになりましたか。

①書店で実物を見て　②新聞・雑誌の書評(紙・誌名　　　　　　　　　　)

③新聞・雑誌の広告(紙・誌名　　　　　　　　)　④人(　　　)にすすめられて

⑤その他(　　　　　　　　　　　　　　　　　　　　　　　　　　　　)

■ご購入の動機

①著者(訳者)に興味があるから　②タイトルにひかれたから

③装幀がよかったから　④作品の内容に興味をもったから

⑤その他(　　　　　　　　　　　　　　　　　　　　　　　　　　　　)

■本書についてのご意見、ご感想をお聞かせ下さい。

■最近お読みになって印象に残った本があればお教え下さい。

■小社の書籍メールマガジンを希望しますか。(月2回程度)　はい・いいえ

※ このカードに記入されたご意見・ご感想を、新聞・雑誌等の広告や弊社HP上などで掲載してもよろしいですか。

はい(実名で可・匿名なら可)　・　いいえ

郵 便 は が き

おそれいりますが
切手を
お貼りください。

153-8541

東京都目黒区目黒1-24-12
株式会社CCCメディアハウス
書籍編集部 行

■ご購読ありがとうございます。アンケート内容は、今後の刊行計画の資料として利用させていただきますので、ご協力をお願いいたします。なお、住所やメールアドレス等の個人情報は、新刊・イベント等のご案内、または読者調査をお願いする目的に限り利用いたします。

ご住所	□□□-□□□□　☎　―　―		
お名前	フリガナ	年齢	性別
			男・女
ご職業			
e-mailアドレス			

※小社のホームページで最新刊の書籍・雑誌案内もご利用下さい。
http://www.cccmh.co.jp

Part.3

攻略術の講座

Tactical Program

富士山から望む雲上のご来光

Part.4

体力アップ講座

Physical Program

千畳敷《せんじょうじき》カールの紅葉

Part.5

メンタルケア講座

Mental Program

北アルプス 乗鞍岳《のりくらだけ》のお花畑

Part.6

ガイド

Guide

雪に覆われた涸沢《からさわ》カール

巻末
付録
Extra

スイス東部に位置するディアボレッツァ

山登りを始める・やる直すみなさまへ

生命力あふれる自然との出会いは、人生を豊かにしてくれます。
生涯にわたって楽しめる山登りはまさに最高の趣味ですね。
この本ではすべきことが簡潔にわかるようにしました。
40歳を超えたオトナのみなさまにこそ知ってもらいたい、
目からウロコの知恵と裏技が満載です。
ケガなく長続きできる山登りを、さあ楽しみましょう！

Part.1

テクニック講座

Technical Program

standard skills

確固たる定石

温故知新
先人達が確立してきた
確かな技術を習得する

01

山登りを始めたいが体力に自信がない

ステップ・バイ・ステップでやさしい山から

不安が減る。危険な山や長時間歩く山を避けられる

やってはいけない
いきなり上級者向きの山へ行く。トラブルの原因となる

02

いつ出かけたらいいかわからないとき

季節に合うコースを選んで楽しむ

思い立ったが吉日。行きたいときに出かけられる

やってはいけない
季節や体力、経験を考えず不向きなコースを選ぶ

03

登山用具がそろっていないときは

ウォーキング程度の山へ出かける

身のまわりにあるもので対応できる

やってはいけない
山歩きに不向きなタウンシューズで出かける

体力や経験に合わせれば だれでも山登りを楽しめる

山登りは基本的に歩くスポーツ。歩くことができる人なら、だれでも楽しめる。しかも、スポーツといってもルールが決まっていたり、タイムを競ったりするわけではない。

入門者向きの低い山では適期が春と秋とされているが、首都圏なら一年を通じて歩ける。冬は雪や凍結の心配がない山、夏は暑さを避けられる山を選ぶなどの工夫で、春夏秋冬、山のよさを感じられるだろう。

山選びしだいで柔軟に対応できるのは登山用具も同様。たとえば、近所をウォーキングする程度の用具があれば、ウォーキングの延長のような山登りはプラスアルファの装備で間に合い、手軽に始められる。

はじめは入門者向きのやさしい山へ

まずは山へ出かけてみよう
最初は不安なく
歩けそうな山を選び
徐々に経験をつもう
身のまわりにあるもので
間に合うものも多い
靴は山道を歩ける
しっかりしたもので

?知っ得

初めてでも不安なく歩ける山

個人差はあるが、歩く時間が１～２時間程度で、登り下りが少ない山なら入門者でも歩けるはず。歩く時間が短くても、岩場があったり、道がわかりにくいところがあったりする山は不向きだ。

✓試し得

ケーブルカーなどがある山が狙い目

ケーブルカーやロープウェイ、観光用のドライブウェイを利用すれば、その分、登り下りが少なくて済む。また、そうした山は行楽客にも歩ける遊歩道が整備されていることが多い。ただし、どんなコースがあるか調べておくことは必要だ。

04

水を用意していくときは

水筒は早めに満タンにする

コース中に水場や自販機がないときも安心

やってはいけない 荷物を軽くしようと水筒が空のままスタート

05

下車駅・バス停に着いたら

帰りの電車・バスの時刻を再確認する

現在時刻と帰りの時刻から行動時間を把握できる

やってはいけない 行動時間に休憩時間を含めず考える。下山が遅れる

06

用を足したくないときでも

トイレがあるところで用を済ませておく

長時間トイレに行けなくても無理なく行動できる

やってはいけない 我慢して歩く。体に負担をかけ不調を招く

07

目的のコースへ入る前に

地図と照らしあわせて道を確認する

意外に多い登山口での道間違いを予防できる

やってはいけない 地図を調べずほかの登山者についていく

「急がば回れ」の教訓は山登り全体に通じる大原則

電車、バスなど最終の交通機関を降り、歩き始めるところを登山口という。慣れないうちは気持ちがはやりがちで、登山口に着くと時間を惜しんで、いきなり歩き始めてしまう中高年登山者が多い。

しかし、行きたい山やコースへの順路を確認しないで歩き出すのはトラブルのもと。別のコースに入ってしまい、戻って時間をロスしたり、目的のところへ行けなかったり、さらには道に迷ってしまったりすると、事故にもつながる。

帰りの時刻、身支度や装備の確認なども同様で、必要な手間は惜しまないことが安全で快適な山登りに通じる。近いが困難な道より、遠回りでも安全確実な道の方が早く目的地に着けるという「急がば回れ」の教訓は道のりだけでなく、山登り全体に通じる大原則だ。

登山口では確認することがたくさん

? 知っ得

トイレの我慢は体に悪い

小用は水分だけではなく、腎臓で血液からろ過された老廃物を体の外に出す働きがある。トイレを我慢すると、老廃物が体に溜まってしまい、尿毒症や高山病などの原因になる場合もある。

! やっ得

地図を手に入れておく

コース地図を用意し、現在地や進行方向と照らしあわせながら歩くのは山登りの基本。行程の進み具合を把握でき、道迷いを防ぐ役に立つ。登山用の地図、ガイドブックに載っている地図などを活用するのが理想的だが、山によっては自治体、沿線の私鉄などのホームページからコース地図をダウンロードすることもできる。

08

疲労や筋肉のけいれん予防には

ストレッチでウォーミングアップ

体をほぐすことでねんざや転倒などの事故も予防できる

やってはいけない ストレッチの手間を惜しみ疲労やけいれんで時間のロス

09

体は伸ばせば伸ばすほどよいか

気持ちのよいところまで伸ばすのが目安

体に負担をかけず、充分な効果を得られる

やってはいけない 無理に曲げ伸ばしする。かえって体を傷めてしまう

10

効果的なストレッチのタイミングは

歩き始める直前が理想的

体が温まり、柔軟な上体で歩き出せる

やってはいけない 歩き始めまでに時間が空く。体が冷え、効果が半減

11

ストレッチは歩く前だけで充分か

下山した後のクーリングダウンも必要

翌日まで疲労や筋肉痛を持ち越さない

やってはいけない 面倒だからと省略してしまう

登山のための疲労と体の故障予防

ストレッチはぜひ行っておきたい重要なもの。しかし大半の登山者は実践していないのが実状だ。

まず、登山口までの電車や車で同じ姿勢をとり続けていた体をほぐし、血行をよくしてくれる。

次に、最も大きい効用として、疲労と体の故障の予防が期待できる。血行がよくなることで筋肉に生じた疲労物質がスムーズに除去される。筋肉や腱が柔軟になり、ちょっとした無理で筋肉がけいれんしたり、切れたりのトラブルを軽減できる。

さらに、関節の不具合を予防する効果もあるとされている。ひざの痛みや腰痛が心配な人は下半身のストレッチを念入りにしておくこと。

疲労、故障予防のストレッチ例

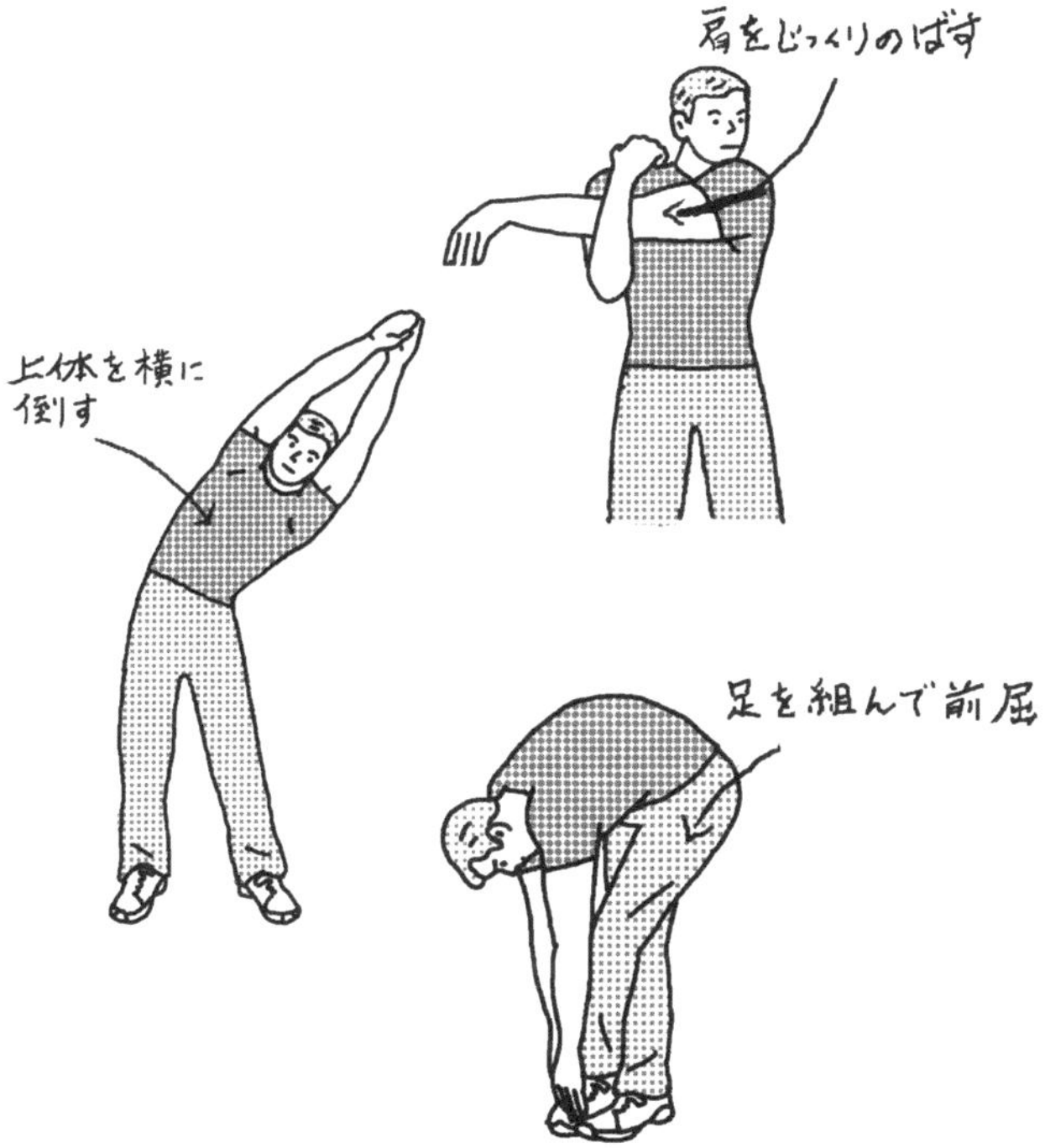

→96ページ参照

?知っ得

ストレッチをする場所

体を伸ばしたり、腕を回したりしても隣の人にぶつからず、通る人の邪魔にならないところで。登山口にこだわらず、広場などに移動して行う。

!やっ得

ストレッチは勢いをつけずに

無理に勢いをつけると体を傷めてしまう。ゆっくり曲げ伸ばしして、気持ちよいところで10～20秒ほど同じ姿勢を保つ。呼吸は止めないのが原則。

!やっ得

クーリングダウン

下山してすぐにバスや電車に乗るときなどクーリングダウンを怠りがち。下山後、すぐでなくても空き時間で行う。入浴時に行うと、より効果的。

12

歩き始めのペースは

遅すぎると思うくらいゆっくり歩く

長時間、歩いても疲れが少ない。余裕をもって歩ける

やってはいけない ペースが速いとすぐバテる。最後まで歩けない

13

登り坂で歩く速さの目安は

息がはずんでも話ができるくらい

呼吸だけでなく脈拍が早くなるのも抑えられる

やってはいけない 息が切れたまま歩かない。心臓や肺の負担が大きい

14

一定のペースをたもつためには

足を運ぶ速さでなく歩幅で調節する

道の傾斜に応じて速さを変えられる。バランスもたもちやすい

やってはいけない 平地を歩くように広い歩幅のままゆっくり歩く

15

バランスよく歩くには

背筋を自然に伸ばした姿勢をとる

ふらつかず、重心をスムーズに移動して歩ける

やってはいけない 前屈みやへっぴり腰。重心が体の後ろに残ってしまう

長時間歩くコツは「ペース」「小また」「足裏」

初心者向きとされる山でも1〜2時間は歩くのがふつう。長時間、疲れず歩くための原則は一定のペースをたもつ、小またで歩く、足裏全体を使う、の3つである。

ペースは速度ではなく、歩数を一定にたもつよう考える。そのためには、急な登りでは歩幅を狭めるなど、山道の傾斜や歩きやすさに応じて臨機応変に歩幅を変える。

小またと足裏全体で歩くことは、ともに省エネで歩くことにつながる。一方の足が宙に浮いている時間を短くできるので、歩く推進力を得るための筋力だけでなく、バランスをたもつ筋肉の負担も減る。小またで歩くと、体全体の動きが小さくなることもバランスよく歩くことに役立つ。この歩き方が身につくと、体力のロスを防ぎずっと楽に歩けるようになる。

長時間歩くためのペースと姿勢

無理のない速さで
一定のペースを保って
歩く
背すじを
自然に伸ばす
体全体の重心を
スムーズに移動しながら
足を運ぶ

?知っ得

脈拍で歩く速さを判断する

体に負担を与えすぎないために、脈拍は最大心拍数の70〜80％以下をまもるよう、歩く速さを加減する。最大心拍数は220－年齢で求められる。

?知っ得

呼吸数でも体の負担がわかる

登り坂などは呼吸数も増加。脈拍を確認しづらいときは呼吸数で体の負担を推定する。息が切れても会話ができるくらいが無理のない範囲。

✓試し得

足の裏全体で歩くためには

前に出す足がどうしてもかかとから着地してしまう場合、つま先で歩くつもりで足を運ぶようにする。逆に後ろの足はかかとで歩くようにする。

16

歩く時間と休憩時間の配分は

「1時間歩いて10分休憩」が目安

疲れを蓄積せず、最小限に抑えられる

やってはいけない

ひんぱんに休む。不規則に休憩する。長時間歩き続ける

17

登り始めて汗をかいたら

着ているものを早めに一枚脱いでおく

体が汗で濡れたり、オーバーヒートしたりするのを防げる

やってはいけない

汗をかいたまま歩く。のぼせや熱中症、疲労の原因に

18

肌寒いときの休憩では

上着などを一枚はおっておく

風や汗の冷えで寒くなるのを防げる

やってはいけない

薄着で汗をかいたまま休憩する。体温が奪われる

19

短い休憩は立ったままがよいか

腰をおろしてゆっくり休む

腰をおろして足を伸ばすと血行がよくなり疲労回復

やってはいけない

狭いところで足をのばし、通り道をふさぐ

疲れにくい山登りには歩行と休憩の時間配分が重要

一定のペースで歩くと疲れにくい。ペースは歩く速さだけでなく、歩行と休憩の時間配分も重要。1時間歩いたら10分休憩するのが目安だが、体調によっては30分歩いた程度でもよい。とくに歩き始めは体が慣れていないので、無理せず短めにする。ただし、10分や20分歩いただけで、休まずにいられないようなら、歩くスピードが速すぎるおそれがある。

登山中、とくに登りでは冬でも汗をかく。着ているものをこまめに脱ぎ着すれば、汗を最小限におさえ、汗をかいてもすぐ乾かせる。脱ぎ着しやすい重ね着を心がけると、速やかに対応できる。

疲労回復に効果的な休憩の方法

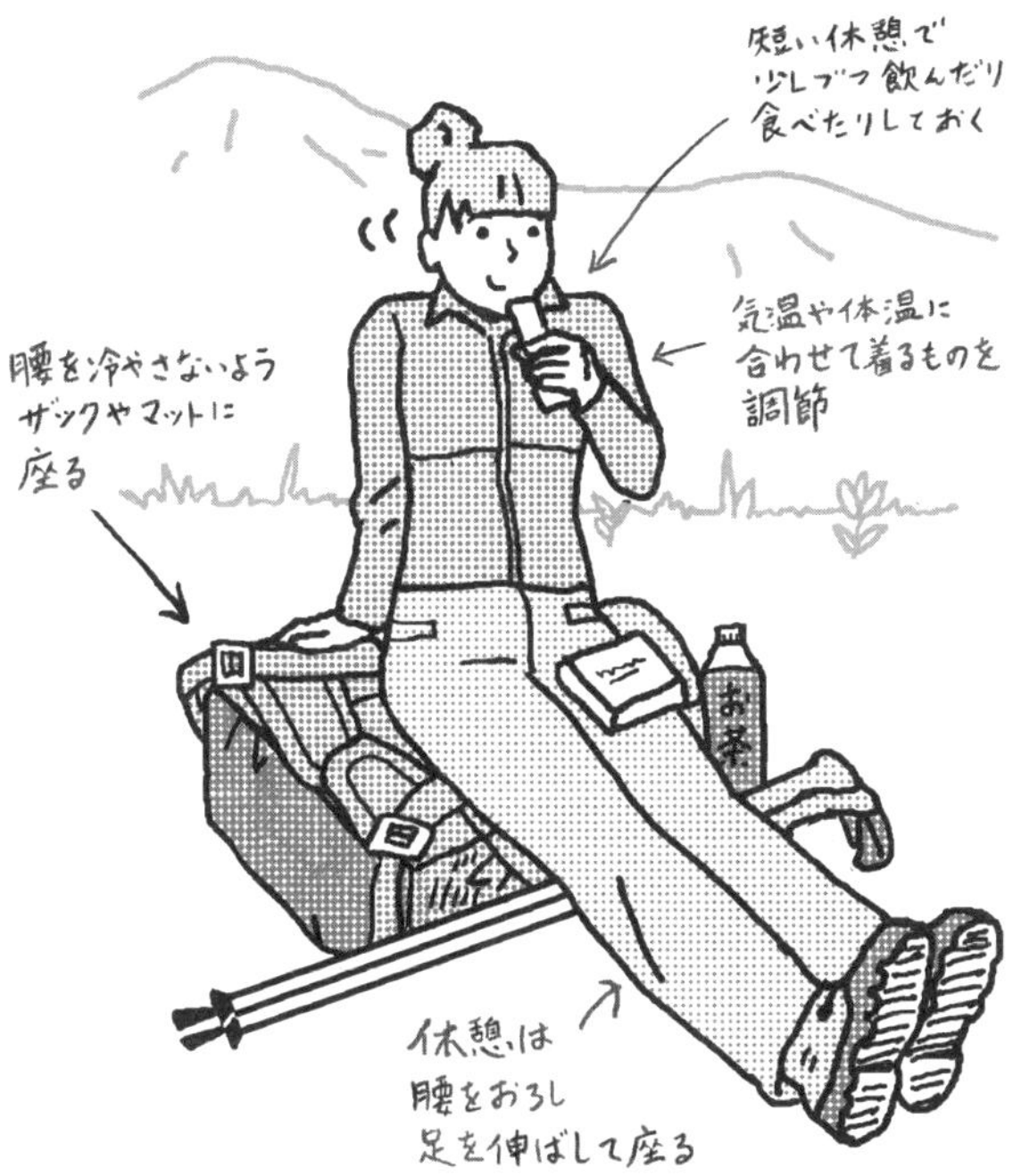

!やっ得

休憩中は疲労をより効果的に回復

足をなるべく水平に伸ばして休む。すると足の血の巡りがよくなり、疲労回復やけいれん防止に効果がある。足をマッサージしておくのもよい。

?知っ得

腰を冷やさないように座る

地面に直に座ると、腰が濡れたり冷えたりして不調を招く。ザックに座れば防止できるうえ、楽な体勢でくつろげる。小型の断熱マットなどの利用もよい。

?知っ得

短い休憩でも水分をとる

汗をかくことが脱水症状につながることがある。水分が体に吸収されるには時間がかかるため、休憩のたびに一口ずつ飲むよう習慣づけると安心だ。

20

昼ごはんの休憩は

ふだんの食事時間を気にせず臨機応変に

日常生活と違う行動パターンに対応できる

やってはいけない

昼どきの食事にこだわる。タイミングや場所を逃す

21

短い休憩のときにも

一口なにか食べておく

おなかが空きすぎることなく燃料切れを防げる

やってはいけない

空腹のまま歩き続ける。バテてしまう

22

水分不足にならないためには

歩き始める前に充分な水分をとる

登山中ののどのかわきを防げる。血行がよくなる

やってはいけない

水分が足りないまま歩く。脱水症状などを起こす

23

水分補給のタイミングと飲みものは

休憩のたびにスポーツドリンクを飲む

水分とミネラルを適切に補給できる。体調をたもてる

やってはいけない

水分だけを大量にとる。けいれんや水中毒を招く

スポーツドリンクで適度な水分補給

かつて「山では水を飲んではいけない」といわれた。また、とくに女性に多く見られるのだが、「トイレに行かなくて済むよう水を飲まない」という人もいる。これらはまったくの間違い。山登りでは、長時間にわたって汗をかく。その汗や尿で失われる水分を補給しないと脱水症状を起こし、のどのかわきはおろか、疲労、頭痛、体のだるさ、食欲不振や吐き気などの原因となる。

一方、水分ばかりをとり過ぎると「水中毒」となり、やはり疲労などを招く。原因は血液中のナトリウムイオン、かんたんにいえば塩分が不足して体のバランスが崩れるためだ。スポーツドリンクを飲むことで水分とともに塩分などのミネラルを補給できる。とくに暑く、汗を多量にかく時期は、体調を維持し、疲れを軽減する効果を期待できる。

よく使われる食べものや飲みもの

？知っ得 行動食も持っていく

10分程度の短い休憩でもすぐ食べられる行動食も用意するとよい。ナッツ、飴、ドライフルーツ、チョコレート、サラミなどがよく利用されている。

？知っ得 水分はこまめにとる

一度にたくさん飲んでも体に吸収しきれない水分は排泄されてしまう。とくに暑い日は最低でも休憩のつどとり、トータルで１日2ℓを目安に摂取する。

✓試し得 前の日から水分をとる

人間の体はある程度の水分を貯えられる。前日にたっぷり水分をとり、翌朝も充分な水分をとっておけば、登山中の水分摂取をおさえることができる。

24

ストックの突き方は

足の着地点付近に突く 足が地面を離れたら離す

ストックをフル活用できる。歩く姿勢が安定する

やってはいけない　ストックを足の後ろに突く。効果が乏しい

25

ストックの長さ調節は

まっすぐ前について肘が直角になる長さ

地面をしっかり突ける。有効に使える

やってはいけない　長さ調節のロックをきちんと締めない

26

グリップの握り方は

ストラップに下から手を通して握る

少ない握力でストックを支えられる

やってはいけない　ストラップに手を通さない。疲れる。落とす原因になる

27

先端のプロテクターは付けて使うのか

ふつうは付けておき、氷の上では外す

地面や植物へのダメージをおさえられる

やってはいけない　プロテクターの取り付けが弱い。落としてしまう

中高年だからこそ活用したいストック

ストック＝杖というイメージから、年寄りに見えるといって敬遠する中高年登山者を見受ける。しかし、ストックは歩くときのバランスをたもち、腰やひざへの負担を軽くしてくれるなど効果は大きい。中高年だからこそ活用したい用具といえる。

片足だけで体を支える1点支持の体勢のとき、ストックを使えば2点、3点支持の体勢をとれる。姿勢が安定し滑ったり転んだりする心配が少なくなるのはもちろん、体勢をたもつための筋力なども少なくて済む。

ダブルストックでは、足の運びに合わせてストックを突く時間をできるだけ長くとると効果的。基本的にストックには体重をかけない。先端は石突《いしづき》と呼ばれ、硬い金属性で氷や雪の上でのスリップを防ぐ。ふだんは地面や植物を傷つけないよう、プロテクターをかぶせて使う。

ストックでバランスをたもち、負担を軽減する

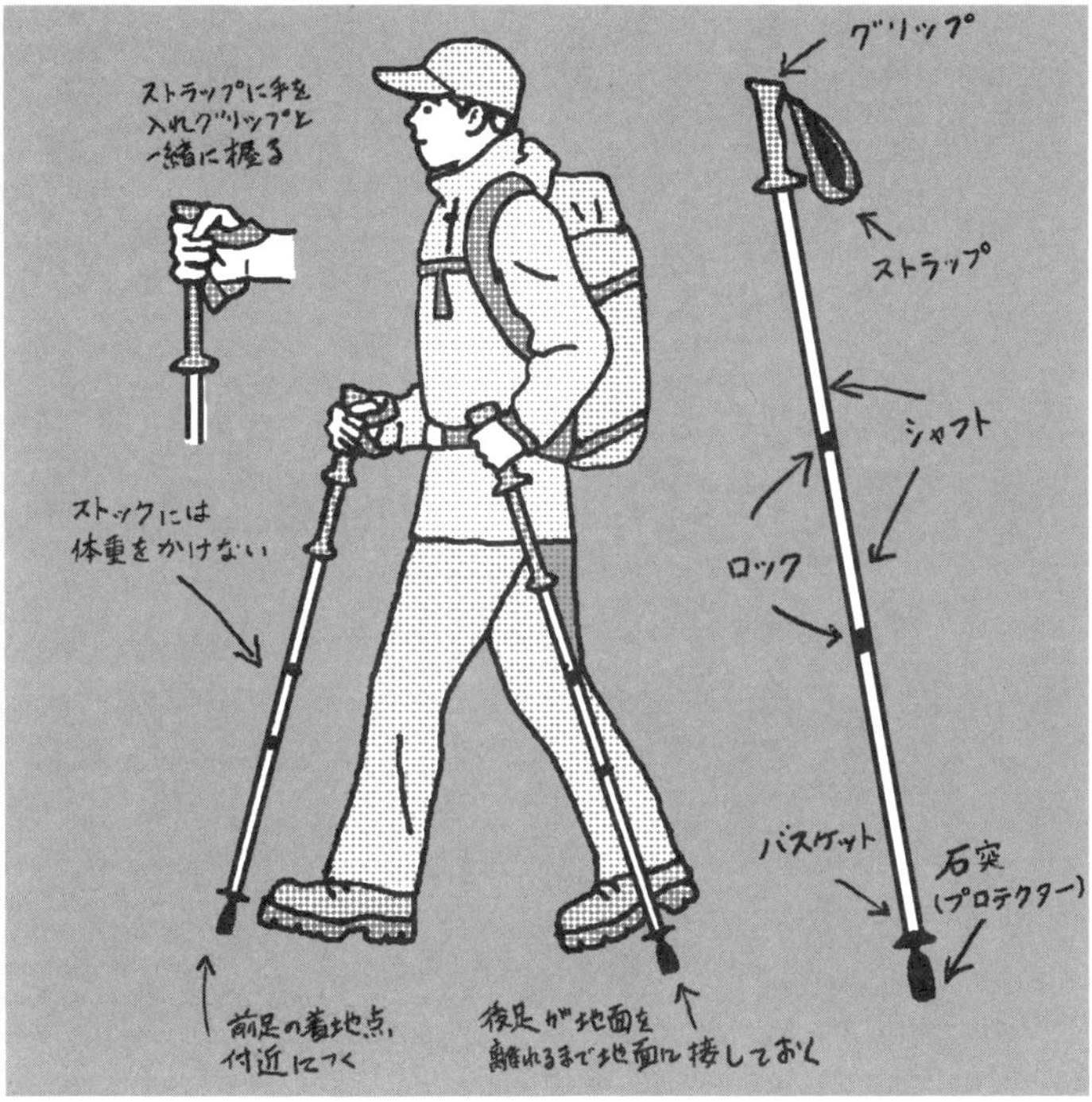

?知っ得 ザックに付けるときはまわりに配慮

街なかではストックを縮めてザックに取り付けるのが一般的。このとき、ストックが後ろに突きだしたり、まわりの人にぶつけたりしないよう取り付け方に注意する。万一、ぶつかったときのため先端にカバーをかぶせておくのもマナーだ。

?知っ得 バスケットの効用

先端に付いているバスケットはふだん役に立っていないように見える。しかし、ぬかるみなどに深く刺さったり、岩の間にはまったりするのを防止するので常に取り付けておく。深雪の山などではひと回り大きなバスケットを使う。

28

急斜面や滑りやすいところでは

足裏全体を地面につけ小またで進む

地面との摩擦が大きくなる。スリップしづらい

やってはいけない

ふだんの歩行のようにつま先やかかとで歩いてしまう

29

急な道や丸太階段の登り下りは

一歩の段差が少なくなるよう足場を選ぶ

少ない筋力で歩ける。バランスをたもちやすい

やってはいけない

大またで登る。筋力を無駄に使い、息も切れる

30

ダブルストックで段差を越えるときは

立ち止まって両方のストックを突く

足を運ぶとき、3点支持で安定。使う筋力も少なくて済む

やってはいけない

登りと下りでストックの長さが同じ。姿勢が安定しない

31

急斜面にかかる前に靴ひもをチェック

ゆるんでいたらつま先から締め直す

足をしっかりサポート。急斜面でも安定して歩ける

やってはいけない

ゆるんだまま歩く。疲れやすく、下りでつま先を傷める

登り下りのコツを身につけると山歩きがぐっと楽になる

小またで歩くことは登り下りでも原則。段差を小さくでき、省エネで歩けるからだ。階段を一段ずつと一段おきで登り下りする場合を考えてみよう。一段おきの大またでは体を持ち上げる筋力もバランスをたもつための筋力も大きくなる。逆に半段ずつ、ゆっくり登り下りできれば、ずっと楽になる。

急な山道や丸太階段も、地面には意外に凹凸がある。足を置く場所を選ぶと、段差を小さく、小またで歩けるようになる。

足裏全体を使うのも原則。平地のようにかかとから着地して、つま先で蹴り出す歩き方は足もとが不安定になり、スリップを招く。

ストックの長さは、登りが続く場合は短め、下りが続く場合は長めに調整する。

急斜面を下る場合

姿勢を正しく上体はまっすぐ
腰を前に出して重心が
まっすぐかかるように
下りでは
ストックを長めに
腰がうしろにひけて
「へっぴり腰」に
ならないように
後ろ足の膝は
柔軟に曲げて歩く
足裏は地面に
フラットにおく

?知っ得

階段をはずれて歩くと環境破壊も

丸太階段が登り下りしにくいからと階段の脇を歩くと、地面がえぐれ、雨水が流れて登山道を浸食する。さらには階段が宙に浮いたり、壊れたりして利用できなくなり、ますます裸地化、浸食が進み山の自然を破壊してしまう。

!やっ得

段差が大きいときは横向きの下りも

基本的に下りでは斜面にまっすぐ向いて下ると最も安定する。しかし、横向きのほうがひざを深く曲げられるので、段差によっては横向きが楽な場合もある。横向きでは体勢が不安定になるが、ストックを使うことで補える。

32

岩場に取りつけられた鎖やロープは

バランスの補助に使う体重をかけない

安定した姿勢で立てる。万一、手が滑っても安全

やってはいけない 腕力で強引に登る。腕が疲れ、危険な場合も

33

岩場などで下りが怖いときは

後ろ向きになり、手も使って下る

スリップしたときの安心感があり、姿勢も安定する

やってはいけない 岩にへばりつく。姿勢が不安定で足場が見えづらくなる

34

岩場を下るときの目線は

足もとを確認するとともに遠くも見る

歩いていく道すじを把握する。足場を先読みできる

やってはいけない 足もとしか見ない。適切な足場や分かれ道を見落とす

35

岩場を下るときの姿勢は

背筋を伸ばして、重心をまっすぐたもつ

姿勢が安定する。滑りにくくなる。足場もよく見える

やってはいけない 腰が後ろへ引けてしまう。尻もちをつきやすくなる

岩場の下りは小またで重心をまっすぐに

岩場は登りより下りのほうがむずかしい。その最大の理由は恐怖感だ。後ろに転んでも尻もちをつくだけだが、前に転ぶと転落しかねない。そのため足場が悪いところなどでは腰が引けがちになる。すると、重心が後ろに残るので、かえって滑りやすくなる。

背筋を伸ばして、重心が足にまっすぐかかるよう心がけると体勢が安定する。そして足裏と地面の摩擦力が最大になる。さらに、目線も遠くまで見通せるようになって、より安全に下れる。

下りの動作では、体全体のバランスや姿勢も不安定になりがちだ。小またで段差を少なく、ストックを活用するなどの歩き方をとくに心がける。下る姿勢が安定すれば、安全につながる。

急な岩場や鎖場の下りが怖いときは後ろ向きで

体を岩場から離し
足場を見通す
鎖やロープに体重を
預けない
腕力はなるべく
つかわない
容易な岩場なら
手にぶらさげてもよいが
縮めてザックに
付けるのが安全
かかとを上げるとスリップしやすい

?知っ得

急な岩場も足で登り下りが基本

岩場では立木や岩、鎖やロープにつかまったり、体重をかけたりしがちだ。しかし、木が折れたり、手が滑ったりするとバランスを崩し、転倒や転落にもつながる。人間の腕の力は脚の力よりずっと弱く、腕力まかせではすぐ力を使い果たしてしまう。

✓試し得

太ももなどの筋肉を鍛えておく

岩場の下り、段差が大きな下りでは太ももの前がわの筋肉（大腿四頭筋）とふくらはぎの後ろ側の筋肉（下腿三頭筋）を多く使う。ふだん使うことが少ない筋肉なので、トレーニングで鍛えて筋力をつけると下りがぐっと楽になる。

36

道に迷ってしまったら

あわてない 小休止し、ゆっくり考える

パニックを避け、落ち着いて判断できる

やってはいけない あせって行動する。さらに道を間違えてしまう

37

道に迷ってしまったら

現在地を確認できるところまでもどる

安全、確実に下山できる

やってはいけない 根拠ない判断で先へ進む。ヘッドランプを持っていない

38

道に迷ったら沢へ下れといわれるが

沢へ下れは間違い。登山道を外れない

整備された安全な道を歩ける

やってはいけない 道がない沢を下る。滝の上に出る。転落事故を起こす

39

日が暮れてしまったら

無理に行動せず、その場で夜を過ごす

体力の消耗をおさえられる

やってはいけない 無理に夜道を歩く。さらに迷い、危険になる

道に迷ったら「急がば回れ」時間や労力のロスを防ぐ

登山では地図や指導標を確認し、現在地や目的地へのコースを把握して歩くのが鉄則。それがきちんとできていれば、迷うことはないはずだ。それでも迷ってしまったら、まずは落ち着くことが重要。そして「急がば回れ」のことわざ通り、来た道をもどり、正しいコースを探すのが確実で、時間や労力のロスを防げる。

どうしても道がわからず、通りかかる登山者に助けを求めることもできなければ、最後の手段として救助を呼ぶ。携帯電話で警察に連絡する場合、状況を説明するためにも登山口や予定のコース、迷うまでの道のりなどを整理しておく。入山時に登山届けを出しておくことも重要だ。

携帯電話からの連絡は局番なしの110番でつながる。沢の中より、見通しがきく尾根や山頂のほうがつながりやすい。

より安全に夜を明かすには

木や岩の陰など
風や夜露が当たりにくい
ところを選ぶ
ツェルトや
レスキューシートが
あればくるまって
体温を保てる
寒いときは
頭からかぶる
防寒ウェア
雨具なども
あるだけ着こむ
コンロとクッカーが
あれば暖いものを作れる
ザックに腰を下ろすと
腰が冷えず
体温をより温存できる

？知っ得　日が暮れて行動できなくなったら

テントなど使わずに夜をすごすことをビバーク（不時露営）という。風が当たらないところで雨具なども着れば、近郊の低山ではとくに危険はないはず。ツェルト（簡易テント）、レスキューシート、非常食、コンロとクッカーなどがあれば、より安心だ。

？知っ得　携帯電話の電源は切っておく?

受信環境がよくないと、携帯電話が電波を探すのに電力消費が大きくなるので、山では電源を切っておくほうがよいといわれる。しかし、電力の消費は電源を入れたときが最大になるので、ひんぱんな電源の入切は逆効果。また、圏外のようでもメールを受信できたりすることもある。よほど受信環境が悪くなければ電源は入れたままとし、電池切れに備えて予備のバッテリーを持っていくのが合理的だ。

40

狭い山道で行きあったら

下りの人が登りの人に道をゆずる

体力を使う登りの人がペースをたもてる。疲労を防げる

やってはいけない　ほかの登山者のことを考えずマイペースで歩く

41

すれちがう登山者とのあいさつは

義務ではないがするほうがよい

気持ちよくすれ違える。コミュニケーションにも役立つ

やってはいけない　あいさつされても無視して立ち去る

42

休憩する広場などがないときは

登山道が広いところなどで適宜、休憩をとる

歩きと休憩のペースをたもち、疲労をおさえられる

やってはいけない　登山道いっぱいに広がる。植生に立ち入って休む

43

山にゴミ箱がなかったら

自分のゴミは自分で持ち帰る

山の自然を美しいまま残す。地元に負担をかけない

やってはいけない　登山道、トイレなどにゴミを置いていく

登り優先のマナーも臨機応変に気配り、目配り

山でのマナーは、ほかの登山者を思いやる気持ちが基本。登り優先のマナーにしても、下りの人が足場の悪いところにいる場合、下りが少人数で登りが大勢の場合など、登りの人が道をゆずる。譲られたほうは「ありがとうございます」とお礼を言う。そうした気配りがあれば、おたがい、登山がより気持ちのよいものになる。

あいさつも同様だ。無言ですれ違うより、ひとこと交わすほうが自然だし、登山道の状況など情報を交換するきっかけにもなる。

ゴミ箱は山にはないのがふつう。登山口など、ゴミ箱があっても、登山者のゴミであふれかえっていることもある。そのゴミの処理は地主や自治体の負担となる。有料のキャンプ場などは別として、山登りで出たゴミはなるべく家まで持ち帰るようにする。

にこやかなあいさつで気持ちよく

道をゆずられたら「ありがとうございます」のひとことを
下りの人が登りの人に道をゆずるのが基本
道をよけるときは植物を踏みつけないように

?知っ得

グループとすれ違うときのあいさつ

グループの全員とあいさつを交わすのは大変。あいさつは先頭と最後尾がする。

?知っ得

土に返るものは捨ててもよいか

かつて生ゴミなどは腐って土になるので捨ててもよい、穴を掘って埋めればよいという考えもあった。しかし、現在では一切不可。ゴミをあさる野生動物を招き、雨などで地表に出てくれば美観上の問題にもなる。

!やっ得

ゴミを減らすために

ゴミになるものを持たない。菓子は箱や大袋から出して必要な量だけにする。果物は皮をむいていくなどの工夫をする。余分な荷物を減らすこともでき、一挙両得だ。

44

蜂が飛びまわっているとき

飛び去るのを待つ ゆっくりその場を去る

蜂を興奮させない。刺される危険を避けられる

やってはいけない　あわてて振り払おうとする。走って逃げる

45

登山口に「熊注意」の警告があった

ときどき、話し声や物音を立てる

人間がいることを熊に知らせられる

やってはいけない　熊が生息し、登山者の少ない山で物音を立てずに歩く

46

もし、熊に遭ってしまったら

あわてず、落ち着いて静かに立ち去る

熊に刺激を与えず、襲われる危険を避けられる

やってはいけない　熊を見て近づく、写真を撮ろうとする

47

ヒルの被害が心配な山を登るときは

事前に出没状況を確認。登山中も注意

ヒルに遭う確率を減らせる。被害を最小限におさえる

やってはいけない　血を吸ったヒルを放置する。ヒルが産卵して繁殖する

蜂は刺激しない 熊よけには物音が有効

蜂の中でもスズメバチの仲間に刺されると生命の危険があることも。ふつうは蜂を刺激しなければ飛び去っていく。巣に近寄ったり、つついたりすると攻撃してくるので近づかないこと。整備された登山コースでは、巣があるところには警告の表示がある。

熊は基本的に人がいることを知ると、立ち去ったり隠れたりして、登山者の前に現れることはまずない。グループなら話し声や物音で熊が先に人間に気づくことが多い。一人歩きの場合は鈴、ラジオなどで物音を立てると、熊よけになる。

北海道に生息するヒグマは本州のツキノワグマより大きく、より危険

登山者、野生動物がそれぞれのエリアで平和に過ごす

ふつう熊は人を避けるので
出会うことは少ない
人間の存在を知らせることが
遭遇の危険を少なくしてくれる
巣に近づいたり
しない限り
蜂が突然に
襲ってくることはない

?知っ得

蜂を引き寄せないために

スズメバチは黒い色、激しく動くものに強く反応する。汗の臭い、化粧品の香りに興奮する蜂もいる。着るものなどにも注意して危険を減らす。

?知っ得

食料や食べ残しを放置しない

熊が人を襲うことはまずない。しかし、人間の食料に味を占めると食料を狙うようになる。食べ残しの残置、キャンプ場での食料放置などは厳禁。

!やっ得

熊よけの過剰な物音にも注意

鈴やラジオを鳴らすことは山の静かさを乱し、不快に感じる登山者もいる。熊がいない山、登山者が多く熊が出てこない山などでは鳴らさない気配りも必要。

48

下りでつま先を傷めるときは

靴ひもをつま先からきちんと締めなおす

足がつま先に寄るのを防止。安定感もよくなる

やってはいけない ひもがゆるいまま歩く。ケガや疲れの原因になる

49

結んだあとの靴ひもが余ったら

最初は蝶結び、さらに固結びする

ひもがほどけにくい。ひもを踏む事故を防止（49ページ参照）

やってはいけない 蝶結びの輪が大きすぎる。輪を引っかけて転ぶ

50

ザックが体にフィットしない

ショルダーストラップなどは必ず調整

肩から背中、腰に荷重を分散。背負い心地がよくなる

やってはいけない 買ったままの状態で使う

51

荷物をより楽に背負いたければ

ザックは正しくパッキングする

荷物が軽く感じられ、フィット感も向上

やってはいけない 手当たり次第に詰めこむ。使い勝手も悪くなる

靴やザックは調整してこそ最大限に性能を発揮する

靴、ザックともに買うときは足や体に合うものを選ぶ。さらに、靴ひもやストラップを調整することが使いこなしのポイントになる。

靴は、座った姿勢で片足をのばし、かかとを地面に打ち付けて、足をかかと側に寄せる。その状態でつま先から、きつすぎない程度に締め上げていく。歩き始める前にきちんと締め、下りにかかる前などにゆるみをチェックし、締めなおせば理想的だ。

ザックは、ウェストベルトを使う場合、最初にベルトを腰骨の位置で締める。次にショルダーストラップをきつすぎない長さまで締める。トップストラップがあればザックが背中によりフィットするよう締める。チェストストラップを使うときは、最後に調節して終了。

基本は軽いものを下、重いものを上に詰める

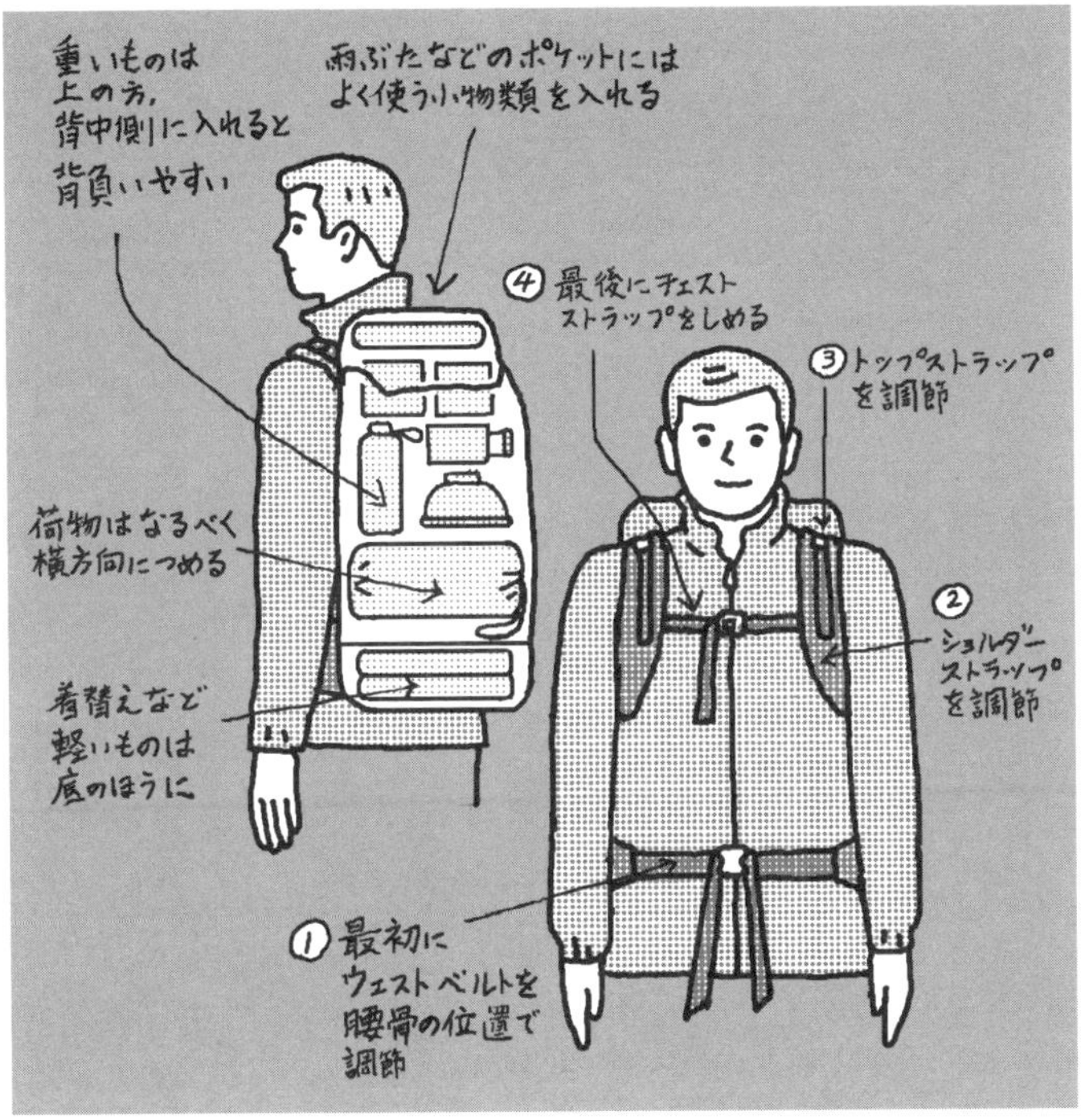
重いものは
上の方，
背中側に入れると
背負いやすい
雨ぶたなどのポケットには
よく使う小物類を入れる
④最後にチェスト
ストラップをしめる
③トップストラップ
を調節
荷物はなるべく
横方向につめる
②
ショルダー
ストラップ
を調節
着替えなど
軽いものは
底のほうに
①最初に
ウェストベルトを
腰骨の位置で
調節

?知っ得

あまった靴ひもを足首に巻きつけない

靴が型崩れする原因、足首の腱を圧迫して疲労や痛みの原因となる。

?知っ得

長すぎる靴ひもを短くするときは

少し余裕がある長さに切りつめる。厚い靴下を履いたら靴ひもが結べなくなるなどのトラブルを防げる。切り口は繊維がほつれないよう処理する。化学繊維は火であぶれば溶けて固まる。融けない繊維はエポキシ系接着剤などで固める。

?知っ得

ザックのパッキングはなるべく横長に

荷物を入れるときはなるべく横へ、横へと詰めていく。断面が平べったくなれば、ザックが背中にフィットして、より楽に、安定して背負える。

Column

地図の読み方、使い方

登山用の地図を使い、登る山やコースを把握すれば無理のない計画を立てられ、道迷いを防げる。安全登山に欠かせない地図に親しみ、使いこなしたい。

尾瀬・至仏山の地図例

等高線　同じ高さの線が結んであり、地図上では地形を水平に輪切りにした形。山頂、尾根、谷などの地形を読み取れるほか、等高線の間隔が狭いところは急斜面などの情報もわかる。縮尺5万分の1で20mごとに引き、5本ごとに太い線（計曲線）が描かれる。

❶山頂（ピーク）三角や点で山頂の位置が記される。記されていない場合も等高線が円や楕円など、閉じた線で描かれていれば、その中にピークがある。

❷尾根　谷と谷の間、山頂と山頂の間などにのびる高まり。富士山のような円すい形の山にははっきりした尾根がない。等高線は山頂から出っ張るように、カーブが重なって描かれる。

❸谷　尾根と逆に、山頂から見ると等高線がへこんで描かれる。カーブが尾根より鋭角的なことが多い。

❹コースとコースタイム　コースの登山道は線が太く、赤などの色を使って目立つように描かれる。数字は区間ごとの標準的な歩行時間。休憩時間は含まない。

❺行政の境界　都道府県、市町村など自治体の境界を表す線。登山道と間違わないよう注意を。

❻コース中の注意個所、説明など　登山中に注意したいこと、周辺のようす、見どころなどが注記されている。

❼その他　バス停、駐車場、山小屋などは、わかりやすいよう記号とともに記される。

Part.2

山のアイテム講座

Material Program

the sacred treasures

登頂の神器

備えあれば憂いなし
プロが伝授する
山の千変万化に必要なもの

52

用具がいろいろあるがすべて必要？

基本的なものからそろえればよい

自分の登り方に合わせて無駄なくそろえていける

やってはいけない 使わないもの、安物を買ってしまう

53

最初に買うべきものは

快適に歩くための軽登山靴が最優先

疲れをおさえられる。安全登山ができる

やってはいけない 一見、軽登山靴風の安物を買う。サイズを間違える

54

靴の次にそろえたいものは

活動しやすい、快適なウェア、ザックなど

より楽、安全に歩ける。登山を楽しめる

やってはいけない 歩きにくい形や素材のものを使ってしまう

最小限の装備からそろえ アクシデントに備える

　初めから富士山やアルプスなどの高山やベテラン向きの山をめざすならともかく、入門向きのハイキングならとくにむずかしいところや危険はない。装備も身のまわりのものでほとんど足りてしまう。

　行楽地のハイキングコースでは、ふだんの服装や持ちものの観光客が、とくに不便なく歩いている光景をよく目にする。

　しかし、山という自然の中では、ちょっとした石やぬかるみで転んだり滑ったりして、思わぬケガをすることもある。よく晴れていても、急に雨が降ってきたりすることもある。そうした状況に対応できるよう、靴など最小限の基本的な装備は登山用具でそろえておくと、より安全だし、ゆとりを持って歩ける。そのぶん、より深く山を楽しむこともできる。

自分に合ったものを選ぶと用具が真価を発揮

どれを買えばよいかわからない時は
どんどん質問しよう
ザックや靴は形や
デザイン、価格も様々
実際にはいたり
背負ったりして
試すと選びやすい
どんな山に登るかなど
具体的に伝えると
アドバイスを得やすい

？知っ得 かんたんに歩ける山を選べば用具も少なくて済む

はじめのうちは、整備が行き届いた歩行時間が短い初心者向きコースを選ぶ。さらに天候が安定している日に出かければ装備が多少、不足気味でもとくに問題ない。

！やっ得 はじめから全部そろえるのも手

登山用具をそろえると、標準的な製品でも10数万円ほどかかる。自分の用途に合わないなどの理由で買い直す用具もあるかもしれない。しかし、登山用につくられた用具は一般的に使いやすく、性能も高いので快適性、安全性が高い。最初に投資することで山に登る意欲、決意も持続させられるかもしれない。

55

靴の種類が多くて迷ってしまうが

定番は軽登山靴（トレッキングシューズ）

疲れをおさえられる。安全登山ができる

やってはいけない　軽登山靴風の安物を買う

56

素材もいろいろあるが

布製が手軽。防水透湿性なら雨にも強い

比較的、安く、軽くて性能も充分

やってはいけない　高いもののほうがよいと思い、重登山靴を買ってしまう

57

足首部分の高さはどのくらい？

くるぶしまで包むハイカットが万能

足首を保護する。山道も安定して歩ける

やってはいけない　ローカットを選ぶ。足の保護が不十分

58

サイズは街用の靴と同じでいい？

少し大きめを選び、試し履きが確実

山登りでは厚い靴下をはくので、少し大きめでピッタリ

やってはいけない　現物を見ないで街用と同じサイズを買う。足が痛くなる

登山靴は歩くことを重視して選ぶ

山登りの基本は歩くこと。それも日常より長い時間、整地されていない道や斜面を歩く。しっかりつくられた軽登山靴なら、山道での着地の衝撃や地面のデコボコを吸収してくれる。また足が大地を踏みしめられるよう支えてくれるので、足が疲れたり、痛くなったりするのを最小限におさえられる。

素材はナイロンなどの布製とソフトな革製が主流。布製は軽く、やわらかいので最初から足になじみやすく、値段も手ごろなものが多い。革製は長持ちし、岩場が多い道や荷物が重いときなどもより安心して歩ける。革製のほうが防水性、保温性にも優れるが、布製も防水透湿性素材を使っているものなら、充分だ。

あまった靴ひもは、蝶結びをさらに固結びする

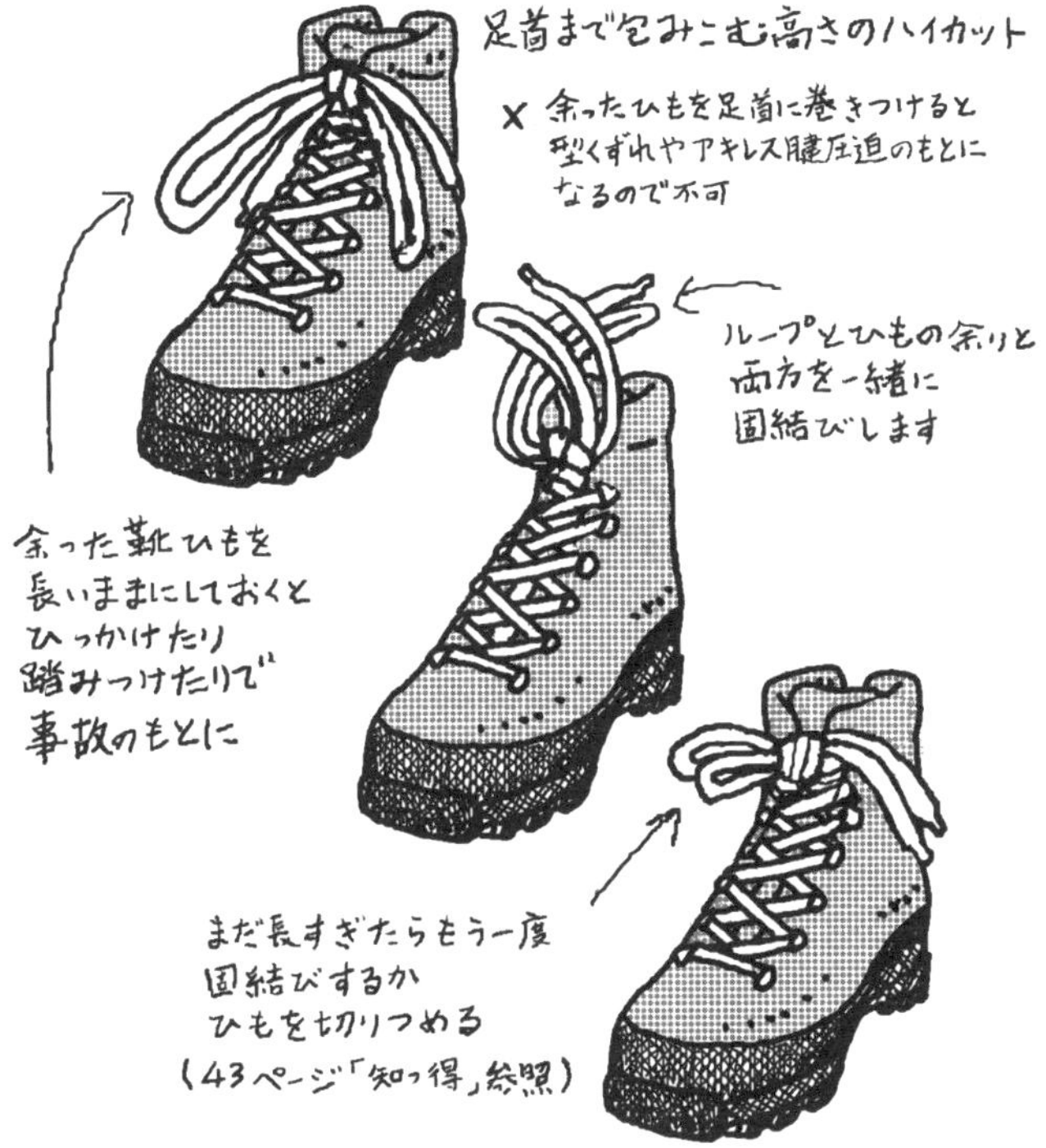
足首まで包みこむ高さのハイカット
× 余ったひもを足首に巻きつけると
型くずれやアキレス腱圧迫のもとに
なるので不可
ループとひもの余りと
両方を一緒に
固結びします
余った靴ひもを
長いままにしておくと
ひっかけたり
踏みつけたりで
事故のもとに
まだ長すぎたらもう一度
固結びするか
ひもを切りつめる
（43ページ「知っ得」参照）

?知っ得

入門者にはむずかしい靴選び

足のサイズだけでなく、幅の広さ、甲の高さなど個人差がある。最初は専門店で相談し、信頼できるメーカーの靴を試し履きして買うほうが失敗を避けられる。

?知っ得

足首部分の高さは大きく三種類

スニーカーのようなローカット、くるぶしをすっぽり包むハイカット、その中間のミドルカットがある。ミドルカットからハイカットが山道でも安心。

✓試し得

靴を長持ちさせるメンテナンス

帰ったらブラシなどで泥をはらい、洗って陰干しする。ときどき、防水スプレーをかけ、革製の靴はクリームを薄く塗る。保管は通気性がある状態で。

59

山登り用のウェアの種類は？

肌着、シャツ、フリース上着が基本

季節や天候、山に応じて組み合わせ、幅広く対応できる

やってはいけない　気象など山の特性を知らず不適切なウェアで出かける

60

街用のウェアは使えない？

素材や形を選べば大部分はカバーできる

持っているものを活用できる。用具の費用が少なくて済む

やってはいけない　すべて街着で出かける。悪天候に対処できない

61

山で使えるウェアのポイントは？

吸水性、速乾性に優れ、動きやすいこと

汗などで濡れても快適。疲れも最低限におさえられる

やってはいけない　山用ウェアに似ているが素材が山向きでないものを使う

62

それぞれのウェアの使い方は？

暑ければTシャツ、寒ければ重ね着

天候や気温の変化に対応。ウェアを有効に活用できる

やってはいけない　使い方を考えずウェアをたくさん持つ。荷物が重くなる

ウェアは特性を考えシステム的にそろえる

山のウェアを大きく分けると肌着・シャツ（ベースレイヤー）、中間着（ミッドレイヤー）、上着（アウターレイヤー）の三種類になる。濡れても水分を多く含まず、乾きやすい特徴が共通して求められる。とくに肌着（アンダー）は汗を速やかに吸って乾くことが大切。中間着は保温・防寒用で、フリースやダウンジャケットがよく使われている。

ジャケットなどの上着は、防水透湿性素材の雨具で兼用できる。人間が感じる体感温度は風速1mごとに1度下がるとされ、濡れれば体感温度はさらに下がる。風や雨で体温が奪われるのを防ぐことが重要な役割となる。

山で使うウェアはそうした条件を満たす素材が使われている。動きやすいよう、伸縮性がある素材を使っているか、ゆとりがある形状かということも重要だ。

ウェアは最小限、重ね着で対応する

気温や天候、体調に
合わせて、脱ぎ着することで
体温を調節する
最も中に着るアンダーは
Tシャツなどそれだけでも
歩けるものを選ぶとよい
中間着はフリースや
ダウンジャケットなど
いちばん上に
ジャケットなどの
上着

?知っ得

汗を吸い、乾きやすい素材は

一般的にポリエステル、ナイロンなどの化学繊維が吸汗速乾性に優れる。「ドライ」などとうたったものは繊維の形状やつくりにも工夫がされ、とくに山向きのものが多い。逆に綿（コットン）は水分を多く含み、乾きにくいので適さない。

!やっ得

日帰りでも着替えを持っていく

雨で濡れたときなど、乾いたものに着替えると暖かいし、体にもよい。夏の低い山など、汗をたくさんかくようなときも同様なので、常に着替えを持っていくと安心。荷物が多くなるのを避けたい場合や夏など、肌着だけでも持っていくとよい。

63

これだけは必須という山のウェアは？

雨を通さず、蒸れにくいレインスーツ

雨具にも防風の上着にも使えて安全に貢献

やってはいけない　レインスーツを持たず高山に登る。命取りになることも

64

雨具に傘は使えない？

レインスーツを使うのが鉄則

手が空くので安全。横なぐりの雨でも防げる

やってはいけない　傘を差して山道を歩く。転んでケガなどする

65

防水透湿性素材の雨具は高価だが？

価格に見合う性能を備えている

高山、寒い時期の山など安全を左右する

やってはいけない　夏山でも雨具の不備で疲労凍死にいたる

66

メンテナンスは必要？

汚れたら洗濯。防水スプレーをかける

生地の目詰まりなどを防ぎ、防水透湿性能をたもてる

やってはいけない　手入れをしない。雨具としての性能が落ちる

雨具の素材や性能で生死に関わる場合もある

山、とくに高山の雨は風とあいまって体の横や下から吹きつけてくることがある。本格的に山登りをするなら、雨から身をまもるレインスーツは必須の用具だ。傘は、そうした雨に対して無力。しかも、片手がふさがるので、足もとが不安定なときなど危険だし、近くの人を骨で突くこともある。

2万円前後からと高価だが、ゴアテックスなどの防水透湿性素材の製品がよい。ビニール製品、ＰＶＣ（ポリ塩化ビニール）などをコーティングしたナイロン製品などは安価だが、通気性がない。そのため蒸れやすく、発汗量が多い登山では内側から濡れてしまい不向き。ビニール製は破けやすい欠点もある。とくに気温が低い秋から春の山、高山などではしっかりしたレインスーツを使うことが安全にもつながる。

レインスーツは防水透湿性素材製品を

防水透湿性素材は
汗などのむれは外に出し
雨や水はシャットアウトしてくれる
フィルムには微細な
穴が空いていて
水蒸気は通すが
水滴は通さない
雨具の素材は
防水透湿性素材の
フィルムをナイロンなどの
生地と貼り合わせた構造

？知っ得

夏の山でも起こる疲労凍死とは

高山では夏でも気温が低く、さらに風や雨によって体感温度が下がる。雨具が不備で濡れたうえに風で吹きさらされると、夏でも低体温症を起こす。さらに疲労などで体温を回復できず、死に至ることを疲労凍死という。

？知っ得

メンテナンスで雨具の性能を長持ちさせる

レインスーツの生地の撥水性能が低下して表面に水の皮膜ができるようになったり、繊維が汚れで目詰まりしたりすると、防水透湿性能が低下する。素材、製品によりメンテナンス方法が異なるので、製品の注意書きに従ってメンテナンスをする。

67

若い人でさえストックを使っている

年齢に関係なく広く使いたい

バランスをたもちやすく体力をセーブできる

やってはいけない　体に合わない長さのストックを使う

68

本数、グリップの形はどれを選ぶ?

両手に持つダブル、I型グリップが有効

歩く体勢がより安定。腰やひざの負担も減らせる

やってはいけない　地面に突いている時間が短い。効果的に使えない。

69

付属品の使い方は?

砂利、雪など路面の状況で使い分ける

効果的な突き方、自然保護に役立つ

やってはいけない　土の上や木道でプロテクターをはずす。道を傷める

70

タイツを履いている人も多いが?

サポートタイツが疲労軽減に役立つ

筋肉やひざの負担を軽くしてくれる

やってはいけない　街用などのタイツを使う。効果は期待できない

ストックを使いこなして疲労を軽減する

山道は小また、すり足が基本だが、それでも歩いているときは片足が宙に浮く。このときは片足立ち、1点支持の不安定な姿勢となるが、ダブルストックを使えば2点支持、3点支持の安定した姿勢となる。そのため安全に登り下りできるとともに、姿勢をたもつ筋肉の負担が減り、疲労を少なくする効果もある。シングル、とくにT型グリップのストックは杖として気軽に使うのに向く。

ストックはバランスをたもつために使うのが基本だが、急斜面などで体重をかけることもある。ストックが滑ったときなど転倒の原因になり、危険なので、ストックに頼りすぎないように。最近の登山用具ではタイツも目につく。サポートタイツ、機能性タイツなどと呼ばれるものはサポート機能をもち、疲れや関節の負担を減らしてくれる。（90～91ページ参照）

ストック、付属品名のいろいろ

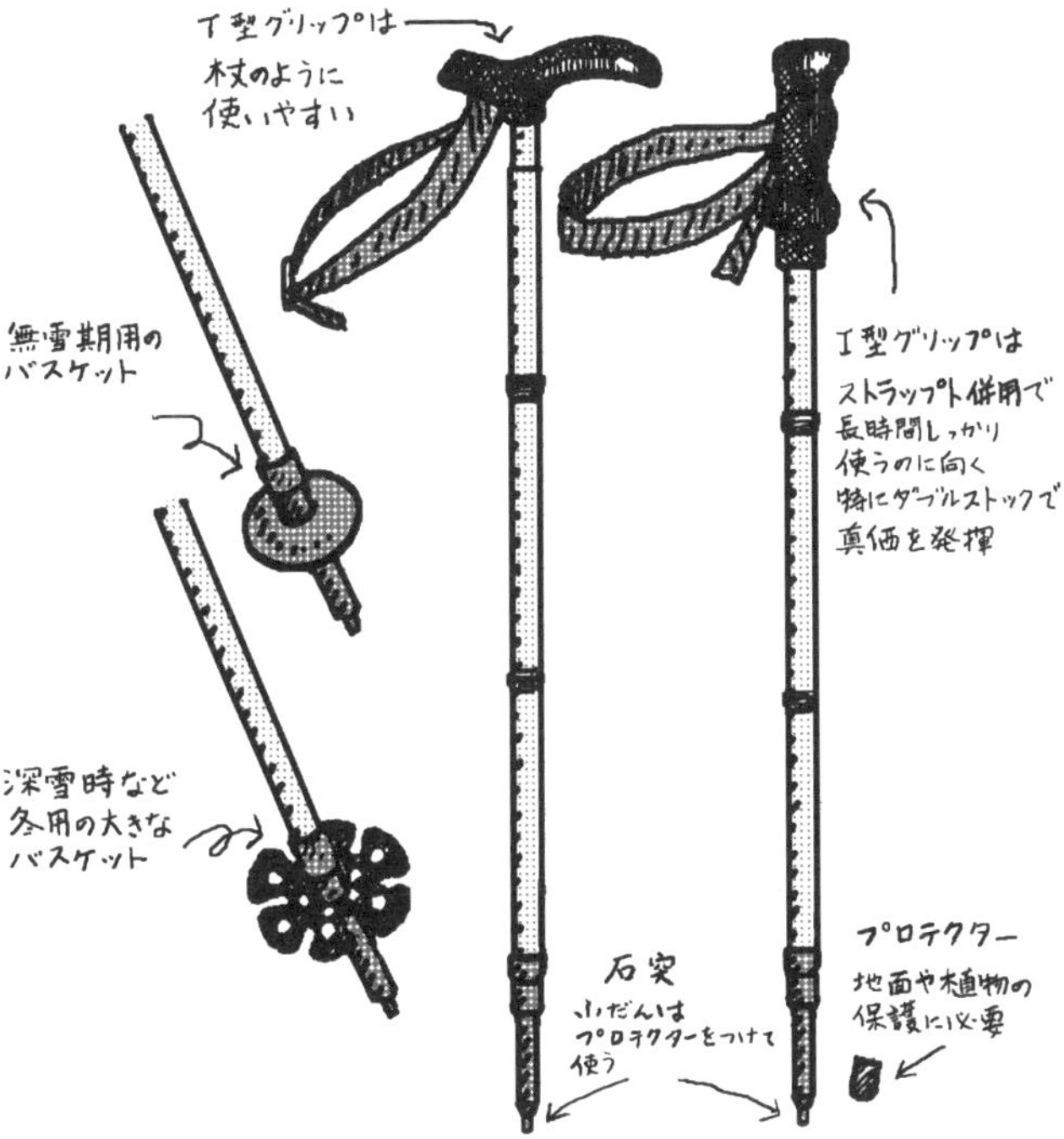
T型グリップは
杖のように
使いやすい
無雪期用の
バスケット
深雪時など
冬用の大きな
バスケット
I型グリップは
ストラップと併用で
長時間しっかり
使うのに向く
特にダブルストックで
真価を発揮
石突
ふだんは
プロテクターをつけて
使う
プロテクター
地面や植物の
保護に必要

?知っ得

使い終わったら

濡れたまま縮めると、錆びたりストックが固定できなくなったりする原因となる。水気は拭きとり、帰ったら伸ばすか分解し、乾かしてからしまう。

!やっ得

シャフトのロックはしっかりと

シャフトを固定するロックがゆるいと、体重をかけたとき縮んでしまうことがある。バランスを崩し、転んだりする原因となるのでロックの状態を確認する。

✓試し得

ストックの長さは

体の前に垂直に突き、ひじが直角になる長さが基本。登りは短め、下りは長めに使うので、最大に伸ばしたとき、胸のあたりまで届く長さが必要。

71

大きさや形がいろいろあるが

最初は容量20～25ℓのアタックザック

四季を通じて日帰り登山に使えるサイズ

やってはいけない　不必要に大きいザックを買う

72

体に合った大きさを選ぶには

バックレングス（背面長）をチェック

体にフィットし、背負いやすいものを選べる

やってはいけない　デザインや価格だけで選ぶ。体に合わない

73

ポケットは多いほうが便利？

雨蓋などにひとつあれば充分

よく使うもの、すぐ出したいものをしまえる

やってはいけない　サイドポケットに物を入れすぎてひっかける

74

ザックと一緒に買うべきものは

ザックカバーとスタッフバッグ

雨で荷物を濡らさずに済む。スタッフバッグは荷物の整理にも

やってはいけない　ザックカバーが大きすぎる。風であおられる

ザックの大きさは目的に合わせ、実物で確認

山登りでは日帰りでも数kg以上の荷物を背負い、何時間か歩かねばならない。同じ荷物でも、ザックの良し悪しで疲れや重さの感じ方が変わってくる。

ザックが小さすぎるとパッキングしづらい。大きすぎるとパッキングしたときのバランスが悪くなる。ザックの場合、大は小を兼ねない。容量は、カタログの値が同じでも、実際はメーカーや製品により異なる場合がある。ザックの重さ、バックスレングスなどと合わせて、用具店で容量や重さを実物で確認し、試しに背負って買うとよい。自分に合ったものを確実に選べる。

雨に備えてザックカバーも用意。スタッフバッグなどナイロン製の防水された袋を使うと、より濡れにくく、荷物整理にも便利だ。

ザックの形は大きく分けて二種類

パネルローディングタイプ
ファスナーで開け閉めするので
荷物の出し入れがしやすい
比較的小さなザックに向く
トップローディングタイプ
雨ぶたとストラップがあり
口ひもで閉める
荷物の増減に対応しやすく
しっかりパッキングでき
大きめのザックにも向く
スタッフバッグ
防水用・用具の
小分けなどに便利

?知っ得

ザックによって本体の重さが違うことも注意

25ℓ程度のザックでも軽いものは600g、重いものは1.5kgほどと差がある。背負い心地、使い勝手などに差し支えない範囲で、なるべく軽いものを選ぶとよい。

!やっ得

よく使う小物はポーチも併用すると便利

よく出し入れするカメラや財布はベルトポーチやウェストポーチに入れると出し入れしやすい。ポーチは容量を欲張らず、小ぶりのほうが使い勝手がよい。

✓試し得

スーパーの買い物袋は使用しない

濡らしたくない着替えなどは防水のスタッフバッグ、ビニール袋に入れておくと安心。スーパーの買いもの袋など音が出るものは就寝中の山小屋などで迷惑になる。

75

ヘッドランプは日帰りでも必要？

万一に備えて常に持っていく

下山が遅れて暗くなっても安心

やってはいけない　ヘッドランプなしで日が暮れる。行動できない

76

ビバーク（不時露営）に必要なものは

雨具は必携。ツェルトがあると安心

夜露や低温、風雨を避けられる

やってはいけない　雨具もツェルトもない。悪条件にさらされる

77

山でケガしたときには

携帯用の救急セットがあると心強い

自力である程度の応急処置ができる

やってはいけない　救急薬品や用具の使い方を知らない

78

携帯電話は山で役立つ？

持っていくと役立つ場面は多い

同行者と連絡、最新の天気予報、救助依頼などに活躍

やってはいけない　バッテリーが切れてしまう

万一のときに役立つ「転ばぬ先の杖」的アイテム

基本に忠実に、注意して歩けば、登山は危険なものではない。しかし、事故などがまったくないとはいえない。緊急事態に備えて判断、行動すること、そのための知識や装備を用意しておくことが安全につながる。

下山が遅れたり、下山できないときのために、ヘッドランプや雨具は必携。標高が高い山、寒い時期などはツェルトかレスキューシートも用意したい。ウェアは1枚余分に。食料の予備もあるとさらに安全だ。

ケガや急病には、最小限の救急セット（ファーストエイドキット）を用意し、使い方もマスターしておく。

携帯電話は通話のほか、情報のチェックや無線代わりに使えて便利だが、山では圏外が多いことも心しておく。救助の依頼にも活躍する携帯電話だが、安易な要請はつつしむ。

緊急事態に備えあれば憂いなし

山では携帯電話の
バッテリーが早く減る
予備のバッテリーは必ず
持っていきたい
防水タイプでないものは
濡らさないよう注意を
ファーストエイドキットは
小袋か小箱にまとめ
ビニール袋などに入れて
防水しておく
ヘッドランプはLEDを
使ったもの故障も少なく
電池のもちもよい
ただし電池の予備も
常に用意していく

?知っ得

携帯電話は山でつながるか

まず、地形に大きく左右される。尾根の上や山頂など見晴らしがきき、街が見えるようなところなら意外につながることが多い。逆に谷間などは圏外になりがち。通信サービス会社によっても差があり、現状ではドコモが最もつながりやすい。

!やっ得

ファーストエイドキットの中身は

ウェットティッシュ、三角巾、ガーゼ、救急ばんそうこう、消毒薬、虫さされ用軟こう、鎮痛剤、保険証のコピー、その他常備薬など。ハサミやピンセットが付いた小型のアーミーナイフやライターも応急処置に役立つ。

79

山に持っていく食料は？

パン、菓子やナッツなどの行動食が適する

軽い。小分けにして、素早く食べられる

やってはいけない　しっかり弁当を持っていく。休憩時間が長くなる

80

暑い時期の食料は？

ゼリー状飲料、ゼリーなど活用する

傷みにくく、のどをとおりやすい

やってはいけない　ビスケットなどを主食にする。食べにくい

81

寒い時期の工夫は？

ポットやコンロ、クッカーを用意する

温かい飲みものや食べもので暖まれる

やってはいけない　おにぎりを主食にする。凍って冷たくなる

82

コンロはどんなものがよい？

ガスを使うコンパクトなものが好適

扱いが簡単で持ち運びしやすい

やってはいけない　家庭用のコンロを持っていく。重く、火力が弱い

食料は行動中に食べやすいことが基本

山での昼食はいちどにまとめて食べるより、休憩のつど、食べるのが基本。お腹が空きすぎて歩けなくなる「しゃりバテ」を防げるし、エネルギー摂取の効率もよい。昼食は行動食と考え、少しずつ食べられるパンやおにぎり、菓子、ナッツなどを組み合わせて持っていくとよい。

コンロのガスは寒いと気化しづらく、火力が落ちるので、冬など寒冷地用のボンベを使うことに注意を。クッカーはアルミ、チタンなど軽量なものを選ぶ。コンロやボンベをしまえる大きさのものなら、荷物がコンパクトにまとまる。

コンパクトにたためるもの、大きさなど種類もさまざま。用途に応じて選ぼう

コンロ・クッカーの使い方

寒い時期はお湯をわかし
カップ麺やお茶を
つくるだけでごちそう
ふもとでキャンプするときは
調理器など荷物の
制限が少ない
具や食材を工夫するのも楽しい
コンロは風当たりが弱く
地面が平らなところを使う

！やっ得

夏は飲みものを凍らせていく

水やお茶をペットボトルごと凍らせて持っていくと、山で冷たく、おいしく飲めるとともにオーバーヒートした体も冷やせる。保冷袋に果物やゼリーと一緒に入れていくと、果物なども冷たくたもつことができ、よりのどを通りやすい。

✓試し得

山小屋などに泊まるときの食事は

荷物を軽くしたいときは山小屋の食事や弁当利用が最も楽。自炊するときはフリーズドライ製品やアルファ米を主体にすると軽く、調理時間も少なくてすむ。レトルト食品や缶詰は水分が多いので、食味やのどの通りがよいが、その分、重くなる。

83

山の計画を立てるときは？

ガイドブックや登山地図を使う

必要な情報がわかりやすくまとめられている

やってはいけない 概略だけの観光パンフレットなどで間に合わせてしまう

84

山登りに持っていくのは？

計画に使ったガイドブックなど

歩きながら記事や地図をチェックすれば迷わない

やってはいけない 記事やガイドを持たない。持っていても見ずに歩く

85

山の雑誌も役に立つ？

季節の山や現地の最新情報などが得られる

特集記事で用具の知識、技術などを学ぶことができる

やってはいけない 古い雑誌のガイドを参考にする。最新情報を確認しない

86

インターネットも活用できる？

自治体や観光協会、ブログなどが役立つ

最新の情報、具体的な情報を得られることがある

やってはいけない ネットの情報だけを鵜のみにして出かけてしまう

ガイドブックや地図は計画時にも登山時にも活用

ガイドブックは、登山コースを歩行時間、交通、アドバイスなどのデータ、地図などとともにまとめた本。大きく、地域別のもの、目的別のものの二通りがある。登山中はもちろん、行きたい山を探したり、計画を立てたりするときにも役立つので、一冊持っておきたい。

山の雑誌には季節のおすすめの山の案内がある。登山用具、登山テクニック、山の食料といった特集も組まれ、山の技術や知識を身につけるにもよい。

インターネットでは、情報を収集するだけでなく、山行をブログに書くなど、発信もできる。検索してアクセスしてきた人との交流などを通して輪が広がる楽しみもある。

地図・ガイドブック・雑誌など

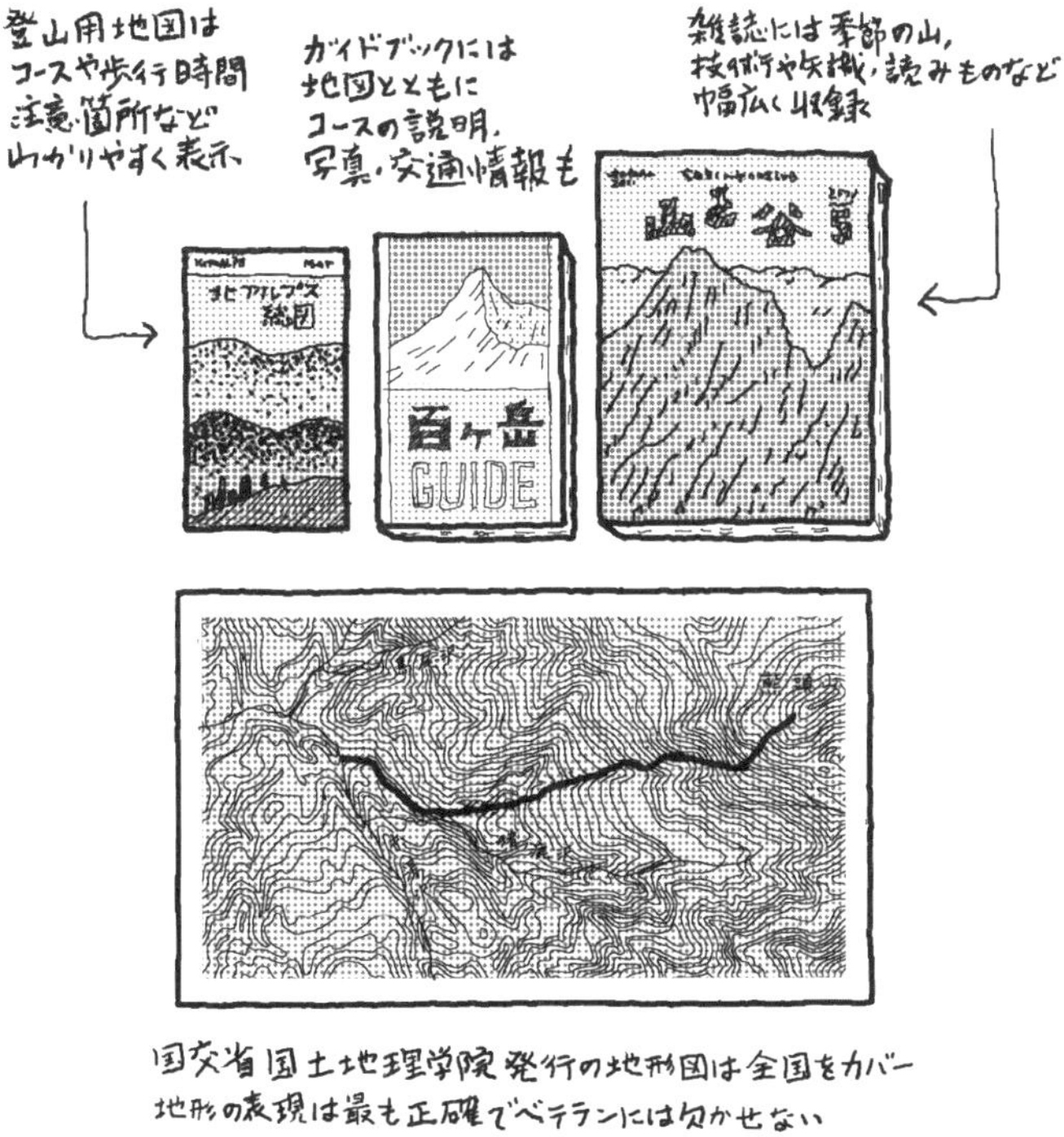
登山用地図は
コースや歩行時間
注意箇所など
わかりやすく表示
ガイドブックには
地図とともに
コースの説明、
写真・交通情報も
雑誌には季節の山、
技術や知識、読みものなど
幅広く収録
百ヶ岳
GUIDE
国交省国土地理学院発行の地形図は全国をカバー
地形の表現は最も正確でベテランには欠かせない

？知っ得
計画は山登りのシミュレーション

山登りの計画を立てるときは、記事や注意個所、写真を見ながら地図でコースをシミュレーションする。コースを把握でき、現地でより的確に行動できる。

！やっ得
ガイドブックや地図はすぐ出せる場所に

歩きながらこまめにチェックできるよう、出すのがおっくうにならない場所にしまう。必要に応じてコピーをとり、ポケットやポーチに入れておくのもよい。

✓試し得
携帯電話でもネットを活用する

列車の乗り換え、最新の気象情報、麓の立ち寄り施設などを現地で調べられる。予定外の場所へ下山したときなど重宝する。ＧＰＳ内蔵なら現在地確認も。

Column

持ち物チェック ☑

【ウェア】

☐ 登山シャツ　※高山や秋冬は長袖、速乾性素材か保温性のあるもの
☐ Tシャツ・肌着　※速乾性素材のもの
☐ パンツ（ズボン）
☐ 防風ウェア　※防水透湿性素材のレインスーツで兼用可（53ページ参照）
☐ 防寒ウェア
☐ タオル・着替え
☐ 機能性タイツ
☐ 帽子
☐ 手袋
☐ 靴下

【行動用具】★は必携品

☐ 軽登山靴 ★
☐ ザック ★
☐ 雨具 ★
　※防水透湿性素材のセパレート型がよい
☐ ザックカバー
☐ ストック
☐ 軽アイゼン・スパッツ（雪山用）
☐ サングラス
☐ 水筒・魔法瓶（テルモス）
☐ ヘッドランプ・予備バッテリー ★
　※LEDを使用した製品がよい
☐ ナイフ（小型のアーミーナイフなど）
☐ スタッフバッグ・ビニール袋
☐ ガイドブック ★
☐ 地図 ★
☐ コンパス（磁石）★
☐ 時計 ★
☐ 手帳・筆記具

【非常用具】

☐ ファーストエイドキット ★
☐ 健康保険証（コピーでも可）★
☐ 非常食 ★
☐ ツェルトかレスキューシート

【その他】

☐ 行動食 ★
☐ コンロ・クッカー・燃料・食器
☐ 携帯電話・予備バッテリー
☐ 日焼け止め・リップクリーム
☐ 針金・細引
☐ カメラ

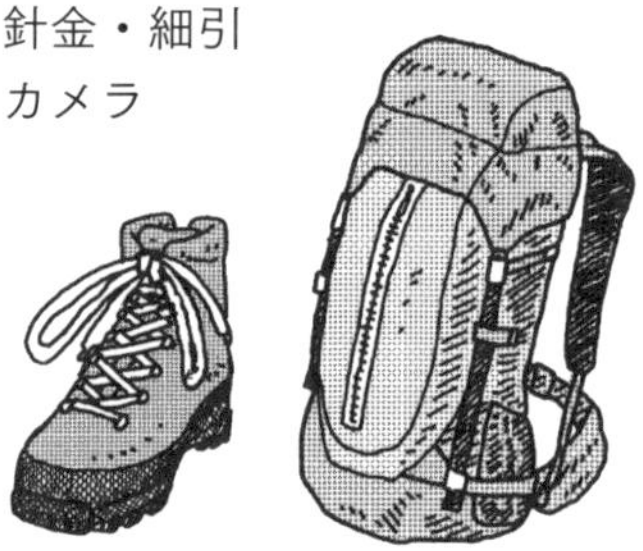

Part.3

攻略術の講座

Tactical Program

skillful tactics

神算鬼謀の登山術

山を知り己を知れば
百戦して殆からず
知略を尽くして登山に臨む

87

山登りは危険？

一般コースならとくに危険はない

しかし、事故の可能性がゼロでもない

やってはいけない

自分は安全、この山なら危険はない、などと思いこむ

88

より安全に登るには

登る前に必要な技術や知識を学んでおく

余裕をもって登れる。万一の事故にも的確に対応できる

やってはいけない

登る山のレベルが高すぎる。無理をする

89

事故を防ぐには？

事故が起きる原因や状況を知っておく

危険な要素や状況を未然に察知できる。事故に遭わずに済む

やってはいけない

登る山の注意箇所、天候などをチェックせずに登る

技術や知識を学ぶことで安全に山を楽しめる

山登りは楽しい。週末の夕方など、ターミナルで出会うたくさんの山帰りの人たちが浮かべている生き生きとした表情は、山登りの魅力を雄弁に語る。一方、山登りと言えば遭難、事故を連想するくらい、危険性を心配する人も多い。実際には、一般コースを条件のよいときに歩くなら、心配するような危険はない。

しかし、１００％安全でもないこと、事故はどうして起きるか、山や季節により条件が違うことなどを知る必要がある。そうした状況に対応できる技術や知識をマスターすれば、より安全、安心な山登りができる。

登山コースや案内が整備された山から始めると不安が少ない（写真は高尾山）

整備された登山道なら危険は少ない

登山口までの交通の便が
よい山が多い
要所に指導標
案内板があり心強い
登山道の整備がよければ
転んだりケガしたりの心配は少ない

?知っ得

初心者は意外に事故を起こさない

山登りを始めたばかりの人は慎重で、情報収集や行動にも注意深い。むしろ、少し慣れて油断したり、自分の力を過信した人たちが事故を起こす傾向が見られる。

?知っ得

山の事故はどれくらい起きている?

警察庁の統計では、全国の山岳事故は年間、遭難者約2000人、死者・行方不明者300人前後で、スキーツアーや山菜採りも含む。登山人口が500万〜600万人、一般的な登山者は1年に数回〜数十回、登ることなどを考慮すると1万人につき数人。死亡事故は10万人につき数人程度と考えられる。小さな値だがゼロではない。

90

どんな事故が起きている?

道迷い、滑落、転倒が全体の70%を占める

山では常に事故の可能性があることを認識するべき

やってはいけない

事故を起こす場所が悪いと命を落とす危険性も

91

安全に山登りするためには

山の概要、危険個所を把握して、山を選ぶ

情報を集め、計画をまとめて登山をシミュレーションする

やってはいけない

同じ山でもコースや季節で条件が変わることを知らない

92

ほかにも計画時の注意がある?

気象条件、装備、食料、体調なども考慮

気持ち的、体力的余裕をもって行動できる

やってはいけない

登山計画書をまとめない、自分の実力を考えない登山計画

93

登山中の注意点は

山の状況、体調や現在地を常に把握

状況を判断しながら山登りする。アクシデントも的確に対応できる

もっと知っ得

不調の場合など早めの下山や中止も視野に入れておく

事故の原因を除くことが安全登山の基本

日本アルプスなどの高山はもちろん、東京都内の山でも事故は起きている。奥多摩を管轄する青梅警察署の２０１０年度統計では、山岳遭難事故発生件数が51件、88人。うち死亡５人、重傷11人、行方不明１人。事故の原因は道迷いと滑落が大半だ。例年、件数、原因とも同様の傾向が見られる。

道迷いや滑落事故は、とくに下山時に多いことに注意したい。主な理由は疲れが出て、判断がおろそかになったり、足もとがふらついたりすること。下りきるまで余裕を持って歩けるよう、体力や持久力を身につけることも重要だ。

行動の基本は「先を読む」。安全につながる

岩登りなどがある
上級向きコースは
技術や経験を積んでから
自分の実力にあった
コースを選ぼう
コースの状況や
危険個所を
把握していこう

?知っ得

中高年登山者の事故が増えている

警察庁の統計によると全国の山岳事故遭難者数2000人のうち、40歳以上の中高年は約8割を占める。総数は10年前と比べて約600人増えているが、こちらも40歳以上が約8割、しかも、55歳以上が約6割を占めている。

?知っ得

近郊の低山での事故が増えている

谷川岳連峰はギネスブックで遭難者数が累計世界一。2010年には遭難事故発生件数が15件、17人（うち死亡3人）だった。しかし実は、右に記したように谷川岳連峰より奥多摩のほうが遭難事故はずっと多い。低い山でも技術、計画、装備をしっかりと。

94

はじめて山登りをするときは

自信がなければ行楽地の山を選ぶ

登山道や標識、施設が整備されている

やってはいけない　かんたんな山だからと下調べや計画をしないで行く

95

歩く時間はどのくらいが目安？

今まで歩いたことがある時間内か＋α

無理なく歩ける。不安やプレッシャーも少ない

やってはいけない　はじめから欲張ったプランを立てる

96

半日コースなら昼から出かけてもよい？

行程が短くても朝は早めに出かける

時間的にも心理的にも余裕をもって歩ける

やってはいけない　出発が遅い。アクシデントがあっても対応しづらい

97

装備はそろえていく？

できれば靴は軽登山靴で出かける

急斜面なども滑りづらく安心して歩ける

やってはいけない　街用の靴で出かける。滑りやすく、疲れる

ステップ・バイ・ステップで山を学び、親しむ

何歳になっても新しいことを始めるときは不安がつきもの。知らない世界に踏みこむのは、最初の一歩がいちばん敷居が高い。まずはかんたんに、不安なく歩ける山に出かけ、徐々に経験を積みながら、少しずつ上級の山を登っていくのが安全確実だ。平行して登山の技術を学び、用具もそろえていくとよい。

最初に登った山が３０００ｍの高山という人もいる。それもひとつの行き方であり、達成感や冒険心も満たされる。しかし、天候や体調が悪化したときのリスクも小さくない。

あせらず、地道に一歩一歩を積み重ねて、山に親しんでいきたい。

行楽地から少しずつ上級の山にチャレンジ

ビジターセンター、茶店
などがある山を選ぶと
より安心にして歩ける
○○山頂上
初めは短時間で
山頂に着ける山を選ぶ
ポピュラーな山は登山情報
も豊富でより安心

？知っ得

1㎞歩くのに1時間以上かかる山もある

ビギナーは歩行時間を4㎞で1時間と考えがちだが、それは平地で荷物もない場合。標高差がある山道では、その倍から数倍かかることも珍しくない。

！やっ得

私鉄沿線の山は情報やイベントを活用

首都圏を例にとると東武鉄道、西武鉄道、秩父鉄道などは沿線にハイキング向きの山が多い。東武と西武はガイドと地図を収めたパンフレットを多数、発行している。駅などで手に入るし、ホームページからダウンロードもできる。定期的にハイキングのイベントも行っている。秩父鉄道はイベントを毎週のように開催している。

98

単独登山は危険か

一般的にはグループで出かけるのが安心

不測の事態が起きても仲間内で対応できる

やってはいけない 初心者が上級者向けの山で単独登山をする

99

友人どうしでもリーダーは必要？

経験や技術があり信頼できる人に頼む

計画や行動中の判断が素早く、的確にできる

やってはいけない リーダーがいない。船頭多くして船が山に上る状態に

100

リーダーについていけばいい？

メンバー全員で計画を考え、行程を把握

万一、山ではぐれても正しい判断ができる。危険が少ない

やってはいけない ついていくだけ。依存型では山から得るものも少ない

101

同行者が見つからないとき、不安なときは

ツアー登山を利用する

計画がきちんと立てられている。ガイドが同行

やってはいけない 激安ツアーを利用したら登山口までのバスのみだった

だれと行くかを考えることも安全登山に重要

中高年の間では数人〜十数人のグループ（パーティ）で登る人が多い。知人どうしの場合など、中心人物にプランも、当日の行動もまかせきりの人が多いが、自主的に登山コースを調べ、計画にもかかわれば山の技術が身につく。山を把握していれば、山登りの当日も余裕をもって歩けるし、山から学ぶものも多い。

単独登山も経験や知識があり、きちんと準備や計画をすれば、心配するほどの危険はない場合が多い。グループとは違う充実感、気ままさなどの魅力もあるが、はじめはグループで行動するのが安心だ。

パーティでの山登りの心得

登山ツアーのガイドが
案内してくれる
山の選定から行き帰りまで
きちんと計画されており
とても安心
気のおけない友人と
山を登るのも楽しみのひとつ

?知っ得

パーティの中で歩く順序は？

先頭と最後尾をそれぞれリーダーかサブリーダーが歩く。先頭はメンバーの体力を考えて無理のないペースをたもつ。最後尾はメンバーのようすを見て、オーバーペースの人やバテている人がいないかなどをチェックする。

!やっ得

パーティのペースについて行けない人がいたら

その人にペースを合わせる。遅い人は先頭の次に入ってもらうと先頭がペースをつくりやすい。遅い人も歩きやすく、疲れやバテを防ぐことができる。

✓試し得

歩きはじめで暑くなったらウェアを一枚脱ぐ

厚着をしがちな寒い時期は登りで暑くなることも。大汗をかく前にウェア調節を。

102

登山計画書は毎回つくる?

必ず計画書をつくる習慣をつけておく

計画段階で山を把握、コースをシミュレーションできる

やってはいけない

行き当たりばったりの山に登る。事故のもとになる

103

登山計画書は持って歩く?

登山口のポストに投函か事前に提出

万一、遭難したとき、捜索の手がかりとなる

やってはいけない

提出せず遭難。どこにいるかわからず捜索できない

104

もし、遭難して自力で下山できなければ

警察や最寄りの山小屋に救助を要請

携帯電話が通じる場合は局番なしの１１０番へ

やってはいけない

登山計画書の未提出。救助の初動がスムーズにならない

105

山岳保険の加入は必須?

捜索、救助に対応した保険に必ず加入

１回数十万円のヘリコプター代などもカバー

やってはいけない

事故保険の対象外。内容をよく確認して加入

登山計画書と山岳保険は転ばぬ先の杖

山を決めたら、ガイドブックなどを参考に計画を立て、登山計画書をまとめる。目的の山やコース、日程、メンバーなどを記す（82ページのひな形参照）。ポピュラーな山なら登山口に提出用のポストがある。

事前に提出する場合は道府県警本部地域課か地域を管轄する警察署へ送る。東京都は地域の警察署のみ。インターネット、メールで送れる警察署もある。行楽地の山など提出には及ばない場合も、留守宅や知人に行き先をはっきり伝えておく。

万一の事故、救助隊の世話になった場合に備え、山岳保険加入は必須。

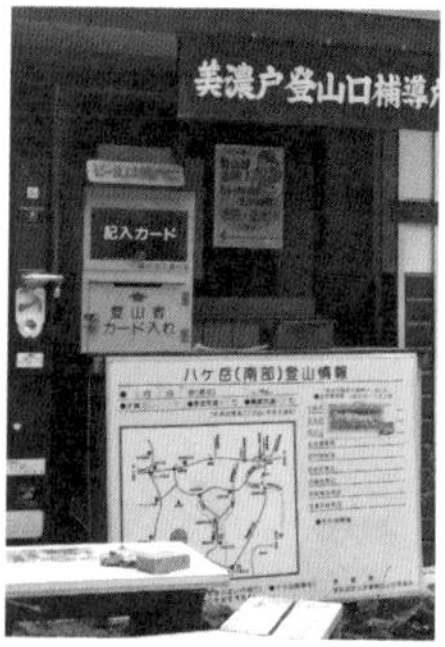

高山では登山届けのポストとともに指導員がいるところも（写真は八ヶ岳）

登山口では必ず登山計画書を提出

熊山登山口
登山口にポストが
設置されていない
場合もある
その場合は事前に
提出を
登山計画書は
あらかじめの記入
しておく

?知っ得

エスケープルートを確認しておく

予想外の天候悪化、体調不良のときなど、途中から下山できる道をエスケープルートという。緊急時に役立つよう、近道で、より安全に下れる道が好ましい。使える道があるか計画時にチェックし、把握しておく。安心、安全度を高められる。

!やっ得

自宅か勤務先などに登山計画書のコピーを

万一の事故や道迷いで遭難救助を要請できないこともある。この場合は消息不明として留守宅などから救助要請する。計画がわかれば初動もスムーズになる。

106

晴れの日には雨具は不要？

レインスーツは常に持っていく

急な天候変化にも対応。防風などにも活躍

やってはいけない　朝は快晴だったため雨具を持たない。昼から土砂降り

107

日帰りでもヘッドランプを持つ？

雨具と同様、いつもザックに入れておく

万一、下山が遅れて日が暮れても行動できる

やってはいけない　ライトなしで日が暮れる。身動きがとれない

108

ほかにも非常用に持つものはある？

予備のウェアと食料も持っていく

万一の道迷いなどでビバークしても安心

やってはいけない　日が暮れると山は急に気温が下がる。凍えてしまう

109

非常用の食料に向くものは

チョコ、ナッツ、サラミ、ドライフルーツなど

傷みにくい。高カロリー。火を使わなくても食べられる

やってはいけない　非常食は用意していたが水を持っていない

使わなくても持っていくものがある

使うかもしれないから持っていこう、と考え始めると、荷物はどんどん増え、ザックがふくらんでしまう。山の持ちものは、ある程度、思いきって減らす工夫が必要だ。

反面、もしものときに、ないと行動できない、安全にかかわるものは、使う可能性が低くても持っていく。雨具、ヘッドランプ、予備のウェアや食料、ファーストエイドキット、携帯電話などだ。

ウェアは、出かける山で必要と考えられるものにプラス1枚を。電池がなくなると用をなさないヘッドランプや携帯電話などは、予備を必ず用意する。

お守りと考え、雨具などは必ず持っていく

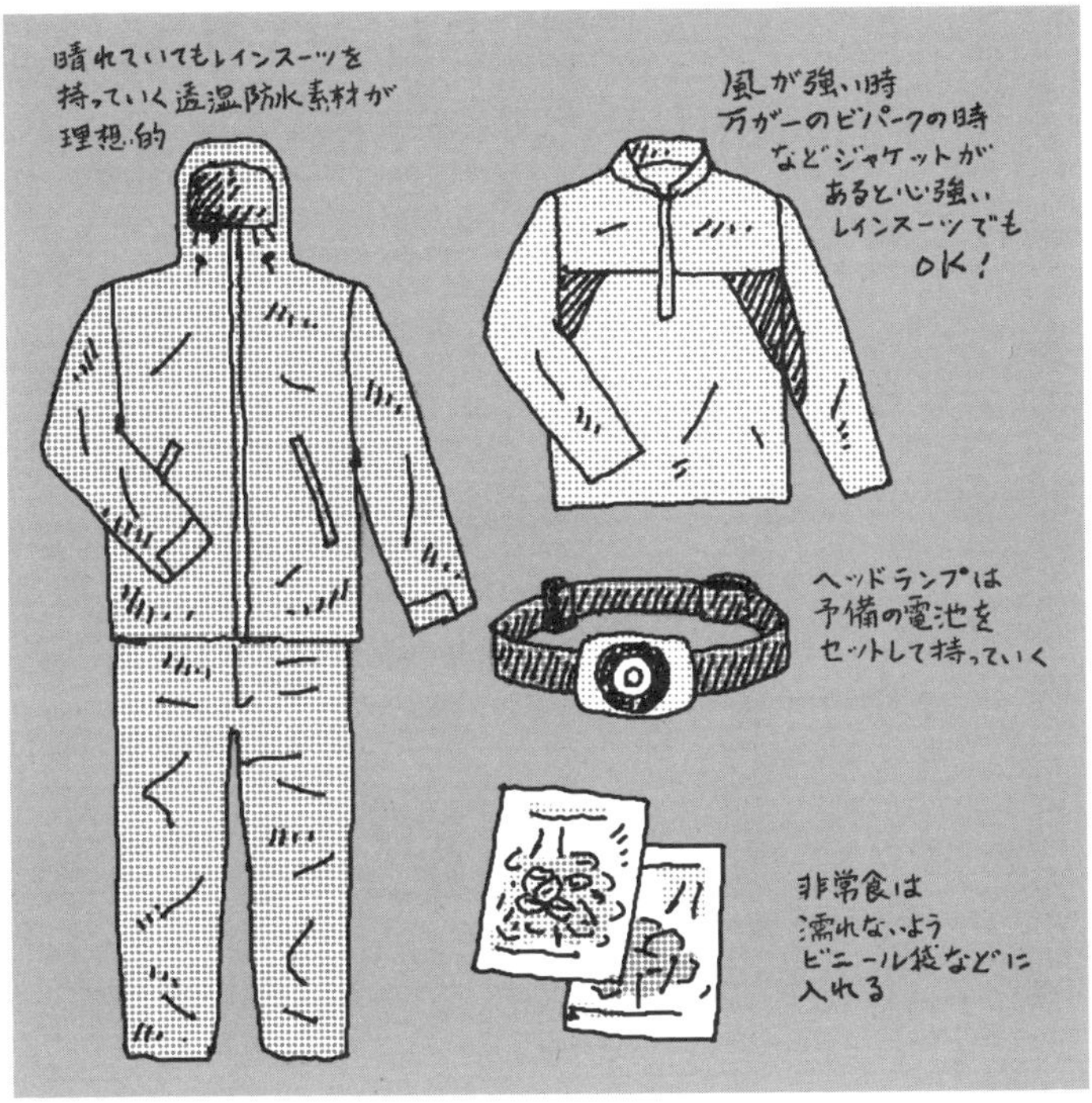
晴れていてもレインスーツを
持っていく透湿防水素材が
理想的
風が強い時
万が一のビバークの時
などジャケットが
あると心強い
レインスーツでも
OK!
ヘッドランプは
予備の電池を
セットして持っていく
非常食は
濡れないよう
ビニール袋などに
入れる

?知っ得

電池の予備も必ず持っていく

ヘッドランプや携帯電話、デジカメなど電池が切れたらまったく役に立たない。いざというとき欠かせないものは予備電池をいつも荷物に入れておく。

!やっ得

ヘッドランプはしまう場所にも注意

暗くなってしまうと荷物を取り出すのもままならない。迷わず、すぐに出せるよう、ザックのポケットなどに入れておくとよい。暗くなる前に所在を確認すれば万全。

✓試し得

あると便利な小物いろいろ

山では声が届かない。はぐれたときの連絡など笛が威力を発揮。針と糸、針金、ビニールテープ、細引きなど修理小物もあると重宝する。小袋にまとめておくとよい。

110

道迷いを防ぐには

地図やガイドブックをまめにチェック

今いるところ、これから歩く道を確認できる

やってはいけない　地図、ガイドブックを持たない、使わない

111

地図などを常に見るための心がけは

ポーチ、ポケットなどに入れておく

すぐ取り出せる。見るのが面倒にならない

やってはいけない　ザックにしまいこむ。出すのがおっくうで見なくなる

112

現在地をチェックするときは

その先まで読んで頭に入れておく

地図などの情報と道が一致しているか確かめながら歩ける

やってはいけない　チェックした地点しか頭にない。迷っても気づかない

113

地図を見るときは

道だけでなく地形も読みとり把握する

コースの傾斜、起伏なども読みとれる

やってはいけない　地形が読めない。地図読みの精度が下がる

「転ばぬ先の杖」歩く道を事前に確認

道に迷うのは、現在地や行くべきコースがわからなくなるから。いいかえれば現在地などがわかっていれば、道に迷うこと、それによる事故を起こすことはない。

現在地などを把握しておくには、まめにチェックするのが一番。もし、わからなくなっても、確実な地点までもどり、再確認するのもたやすくなる。地図から地形を読みとるには慣れが必要。山に行くたびに地図に親しみ、マスターしたい（44ページ参照）。

地図を内蔵したハンディGPSがあれば、現在地をかなり正確に知ることができるが高価。精度は劣る場合もあるが、携帯電話、カメラなどに内蔵されているGPSも利用できる。時計などに内蔵された高度計も参考になる。

要所で地図やガイドブックを確認すれば迷わない

山頂を見通せるところなら
コンパスを使い目的の山
などを確認しておくとよい
山小屋など次の目標
そこまでの道のりも
把握するように
地形が読めれば
コースが沢沿いか
屋根上かなどもわかる
分岐点では
必ず行き先や
現在地をチェックする

?知っ得

おしゃべりに夢中にならないように

ほかのことに気をとられて、はっきりした分岐や指導標を見落とすことは珍しくない。人まかせでなく、常に自分で現在地や地図をチェックする習慣をつけよう。

!やっ得

必要な地図などをコピーすると使いやすい

登山地図やガイドブックそのままだとかさばるが、必要な部分をコピーすればポケットにもしまえて、取り出しやすい。小さい字が見にくい場合は拡大コピーもできる。ただし、濡れには弱いので雨の日はビニール袋などに入れる。複数、コピーして同行者に配るなどの行為は著作権の侵害になるので注意を。

114

天気予報をうまく利用するには

出かける2週間くらい前からチェック

天気が変動する傾向をつかめる

やってはいけない　出かける直前だけ天気予報を見る

115

より正確な予報を知るには

登山の直前、登山中も天気予報を確認

予報は直前になるほど精度が高くなる

さらにやっとく　雨雲の衛星画像や天気図の併用でさらに精度アップ

116

平地は晴れなのに山は雨だった

予報より悪い天候を想定して計画、行動を

急な天候悪化なども余裕をもって対応できる

やってはいけない　山は雲が発生しやすく雨が降りやすいことを知らない

117

携帯電話やラジオが入らず天気の変化がわからない

雲の変わり方から現地で予想ができる

巻雲から雲が下がって広がり、厚くなれば下り坂

さらにやっとく　富士山の笠雲が頂上を覆えば雨、離れていれば晴れ

お守り代わりと考え雨具などは常に持つ

天候は登山の安全を左右する。雨だけでも困るが風が加わると体温が奪われ、高山では夏でも凍死の危険があるほどだ。

天候変化の傾向、たとえば首都圏付近の春秋は1週間周期で天候が変わることが多い、冬は晴天率が高い、などを知っておくと、先の計画を立てやすい。

登山する日の間際や最中は携帯電話やラジオの予報を活用すると、より精度の高い情報を得られる。とくに携帯電話はラジオのような放送時間の制限がないし、山の予報のサイトなどもあって利用価値が高い。

雲のようすなどから天気を予測することを観天望気という。現地でリアルタイムに予想できるメリットがある。

雲行きで天気を予測する

巻雲
巻積雲
層積雲
高層雲
中層雲
天気が悪くなる時は晴天から
巻雲→巻積雲・層積雲→高層雲・中層雲
のように変化し、雨になる
よくなる時は逆

？知っ得

状況を判断して臨機応変に行動を

山の天候は平地より急に悪くなり、悪化は早く、好転は遅い傾向がある。地域や地形による違いも大きいので、平地の予報より悪くなるものと考え、天候の変化を予想し、対応策を考えておく。装備をととのえ、エスケープルート（75ページ参照）もチェックしておくなど、臨機応変に計画、行動することが安全につながる。

？知っ得

夏山でも凍死することがある？

疲労凍死と呼ばれる事故がある。正確には、気温が零下になって凍るのではなく、疲労し、風雨に打たれ、体温が奪われるなどで低体温症になり、死亡するものだ。

登山計画書（登山届）

年　　月　　日

御中

目的の山域・山名						
役割	氏名	生年月日 年齢	性別	血液型	住所 電話（携帯電話）	緊急連絡先・氏名 住所または電話

日程	行動予定
①　／	
②　／	
③　／	
④　／	

装備、エスケープルートなど

※200％の拡大でA3のサイズになります

- 提出方法は74～75ページ参照
- 役割は「チームリーダー(CL)」「サブリーダー(SL)」「装備」「食料」など
- エスケープルートは事前に必ず検討する
- コピーをとって各自が持参。留守宅などにも置いておく

Part.4

体力アップ講座

Physical Program

佳景への身構え

preparation for the scenery

千里の道も一歩から
日々の積み重ねが
登頂の感動をうむ

118

山登りに体力は必要？

体力はあるに越したことはない

体力があれば余裕をもって歩ける。安全につながる

やってはいけない　気持ちだけ先行する。体力がともなわない山登りをする

119

どうやって体力をつける？

ウォーキングなど手軽な運動を続ける

大きな負担にならず続けやすい

やってはいけない　三日坊主。せっかくの運動が実を結ばない

120

どんな体調管理が必要？

食生活や生活習慣にも注意

健康管理になる。体調を整えて山に行ける

やってはいけない　生活が不摂生。生活習慣病や成人病の原因にもなる

基礎体力をアップすれば余裕をもって山を楽しめる

体力がなくても楽しめることは中高年の山登りの長所のひとつ。体力に合わせて歩くペースを落としたり、歩行時間を短く計画するなどの工夫で、人それぞれの体力に応じて楽しめる。とはいえ、体力が不要なわけではなく、基礎体力はあるほうがよい。行動範囲が広がるし、余裕が安全につながる面もある。

体力をつけるには日常のトレーニングが有効。とくに40代、50代にもなると体力をつけるだけでなく、維持するためにも重要になる。ジムに通うなどの必要はなく、自宅などで手軽にできる程度のトレーニングでも効果は充分。毎日、少しずつでも、継続して行うことが効果的だ。

体力に余裕があれば、より安全に楽しく山に登れる

余裕があるからこそ
山の美しさや身近な
自然に目がいき届く
基礎体力のアップは
山登りを楽しむために
必要不可決

？知っ得

体力だけでなく馴れも重要

体力に自信がある人も、はじめての山登りでは意外にバテてしまうことがある。主な理由は山登りで重要な歩くペース、休憩の配分、省エネの歩き方などが身についていないこと。体力だけでなく技術も身につくと、より楽に登れるようになる。

✓試し得

体力アップも無理なく、少しずつが基本

急なトレーニング、体に負担が大きい運動は、故障の原因となり、逆効果になることもある。山登りのステップアップと同様、はじめはかんたんで軽い運動から、徐々に強度や時間を増していくと安全で確実だ。

121

どんなトレーニングが必要？

歩くことが基本 脚力アップを心がける

とくに太ももの筋肉を強化する運動が重要

やってはいけない 太もものみトレーニング、ふくらはぎなどはおろそかに

122

トレーニングの頻度は？

軽い運動ならなるべく毎日

筋肉痛が出るくらいの強度なら3日ごとが目安

やってはいけない 間が空く。強化された筋肉が元にもどる

123

具体的になにをする？

ウォーキング、スクワット、階段昇降

関節が弱い人はジョギングを避ける

やってはいけない ジョギングは着地の衝撃でひざを傷めることも

124

運動の速さは？

動作はゆっくりの有酸素運動がよい

山登りで必要なのは瞬発力ではなく持久力

やってはいけない 無酸素運動、瞬発力のトレーニングばかりになる

体力をつけて ゆとりある山登りを

山登りでとくに重要な太ももやふくらはぎの筋肉を鍛えるには、スクワットが効果的。背負っている荷物を支えたり、体のバランスをたもったりする役割をもつ背筋や腹筋、腰の筋肉を鍛えるにも有効だ。

直立した状態からかがむ動作を繰り返すが、ひざに負担がかかる。心配な人は、ひざが直角になる程度まで腰を下げるハーフスクワットなら負担が少ない。最初は無理のない回数、たとえば1日10～20回くらいから始めて徐々に回数を増やす。

トレーニングの前後のストレッチ、水分補給も忘れずに行う。

日常生活でもトレーニングはできる

荷物はザックのように
背負えるとベスト
背負えない時は
肩がけなど手に
提げない工夫を
エレベーターに乗らないようにする
階段の登り下りは効果がある
街でも歩きやすく
疲れにくい靴は重要
ビジネス用ウォーキングシューズ
などを選ぶ

?知っ得

山登りにはとくに重要な筋肉がある

意外に全身の筋肉を使う山登りだが、やはり重要なのは足の筋肉。とくにももの前側にある大腿四頭筋はひざを伸ばし、登り坂で体を持ち上げる。ももの後ろ側にあるハムストリングスはひざを曲げ、下り坂でスムーズに体を下ろす。ふくらはぎの下腿三頭筋は地面に踏みこみ、姿勢を保つ役割をもつ。

!やっ得

「トレーニング中毒」にかからないように

トレーニングが軽すぎると思ったり休んだりすると、ストレスや罪悪感を感じる「中毒」症状におちいることがある。長く、無理なく続けることを第一に考える。

125

山登りのためのウォーキングとは?

体への負担が少なく効果も高い

有酸素運動として健康増進にも効果的

やってはいけない　ペースが遅すぎる。運動の効果が小さい

126

ウォーキングのポイントは?

山登りの歩き方とは逆。大また、早足で

運動の強度が高まり、短時間で効果が得られる

やってはいけない　ペースが速すぎる。体に負担がかかる

127

運動強度の目安は?

山登りと同様、最大心拍数の80%以下

呼吸も速く、深くなる。有酸素運動として効果的

やってはいけない　歩く時間が短い。有酸素運動の効果が得られない

128

1日の歩数の目安は?

まずは1万歩を目標に

必要な1日の運動量とされる350キロカロリーを消費

やってはいけない　几帳面に1日1万歩を実行しようとしてストレスになる

ウォーキングはトレーニングに最適

足腰の筋肉や心肺機能を無理なく鍛えられるのがウォーキング。通勤時、自宅周辺でなど、時間に応じて手軽にできるメリットもある。

ふだんの歩行より大また、早足を心がけるが、体に負担をかけないためには、脈拍が最大心拍数の70〜80%以下をたもつ。1分間あたりの最大心拍数は220−年齢で得られる。簡易的には、呼吸が切れても話ができる程度を維持するとよい。

1日の歩数の目安である1万歩を一度に歩く必要はない。個人差はあるが、ふつうの生活でも1日4000〜8000歩くらいは歩いているので、差分をウォーキングする。ただし、1回10分以上歩かないと運動の効果は低くなり、有酸素運動で体脂肪を燃焼させることもできない。1万歩のウォーキングで300〜400キロカロリーを消費、体脂肪50グラム程度を消費するとされる。

トレーニングのためのウォーキングフォーム

背すじをまっすぐのばす
視線は先の方を見る
肘を直角に曲げ大きく振る
前足は膝を伸ばして踵から着地
後足は爪先で蹴り出すように
歩幅は広めになるべく早足で

?知っ得

ウォーキングでは腕の動きも重要

腕を大きく振ると、歩幅を広くリズミカルに歩けるようになる。

!やっ得

日常生活の中でもこまめに歩く

なるべく自転車やバスに乗らず歩く、駅やビルでエスカレーターやエレベーターに乗らないなど心がける。とくに階段の登り下りは登山に必要な筋肉を鍛えられる。

✓試し得

歩数計の活用がウォーキングの励みになる

歩数を単純にカウントするだけでなく、製品によっては1日ごとの歩数、歩行距離、消費エネルギー、一定期間の累計なども表示。歩いた距離を日本一周などに当てはめたり、タクシー代に換算したりする製品もあり、歩くことを楽しくしてくれる。

129

ひざに不安があるときは

サポーター、テーピングが効果的

着地したときの衝撃、ひざの負担を軽減してくれる

やってはいけない　強く締めつける。血行、脚の動きをさまたげる

130

機能性タイツとは?

サポーター、テーピングの効果がある

筋肉のサポート効果、歩行のブレ軽減があるものも

やってはいけない　街用のおしゃれ着のタイツをはく。効果はなし

131

より効果的な利用法は?

歩き方は小また、ストックを併用

機能性タイツとサポーターとの併用で効果大

やってはいけない　大またで急ぐ。サポーターを着用してもひざを傷める

132

用具に頼らず脚をまもるには?

トレーニングで筋肉を強化する

筋肉は最高のサポーターとなる

やってはいけない　筋力に不釣り合いな山へ行く。故障を起こす

ひざを傷めがちな下りは装備の工夫もときには必要

山登りでは長時間下りが続き、ひざに負担がかかることも多い。下りで多用する太ももなどの筋肉は日常生活で使うことが少ないので、すぐに疲れてしまい、そのぶんひざに負担がかかるようにもなる。そうした状態が続くと、踏ん張りがきかず、転んだりしやすくもなる。太ももなどの筋肉を鍛えるとともに、サポーターなども併用するとよい。

中高年の間でも、機能性タイツ、とくにサポートタイツなどと呼ばれている製品を愛用する人が多い。ひざの関節だけでなく、筋肉や股関節もサポートしてくれることが人気の理由だ。機能性タイツとともに、ショートパンツや山スカと呼ばれるミニスカートなどが併用されている。腰が冷えたり体のラインが見えたりするのを防ぐためだが、ファッションとしても定着してきた。

機能性タイツとサポーターも活用

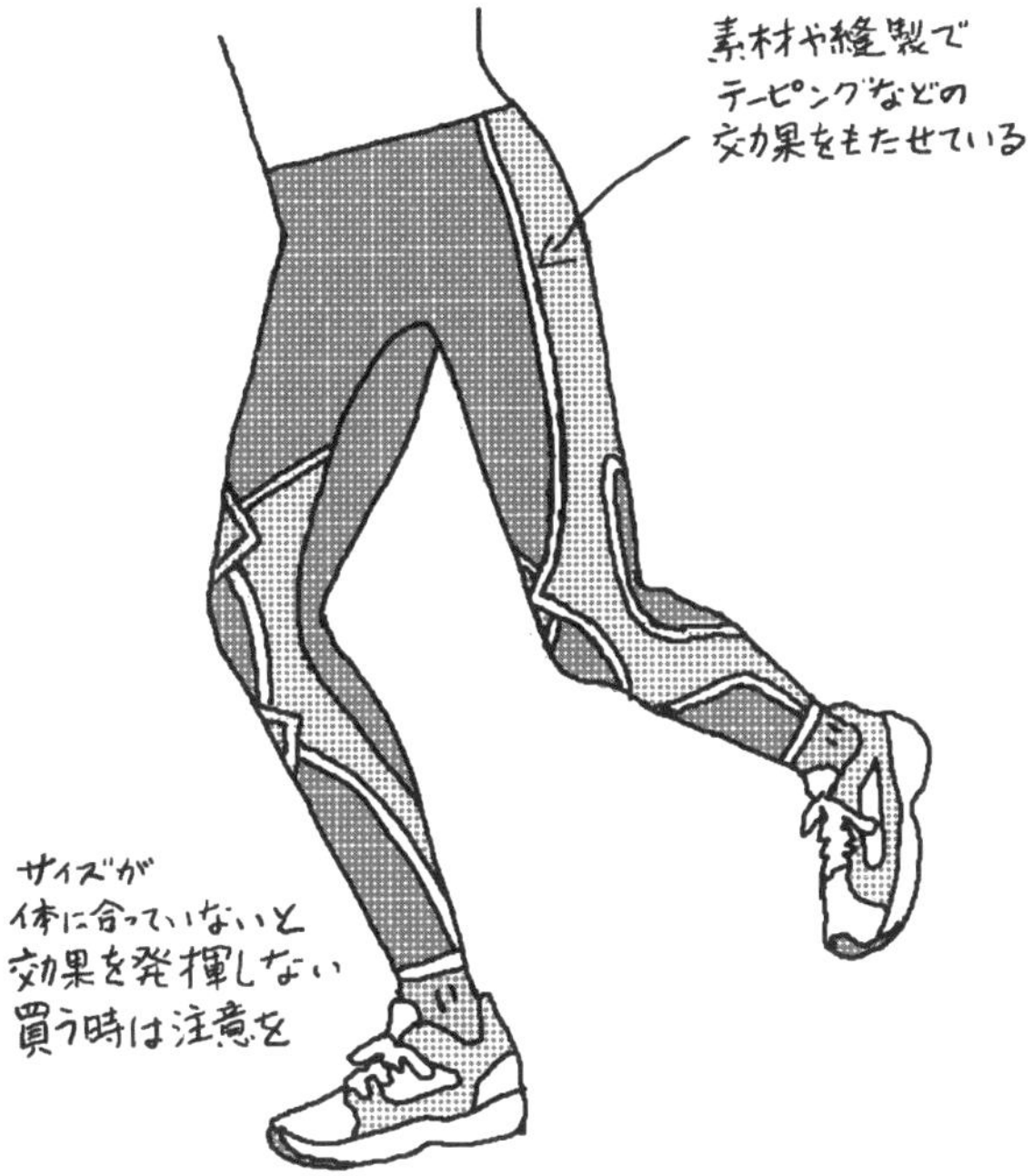
素材や縫製で
テーピングなどの
効果をもたせている
サイズが
体に合っていないと
効果を発揮しない
買う時は注意を

?知っ得

サポーターなどに頼ってはいけない？

「筋肉は最高のサポーター」ということばがあるように、サポート用具が不要な筋力を備えていれば理想的ではある。しかし、登山ではより無理がなく、余裕をもって歩けることも重要。頼りすぎはいけないが､活用することに躊躇する必要はない。

?知っ得

機能性タイツの機能は大きく3つ

筋肉疲労を軽減する着圧（コンプレッション）機能、ひざや筋肉をサポートし、着地の衝撃を緩和、足の動きをスムーズにする保護（テーピング）機能、ひざや股の関節を安定させ、体のふらつきを少なくする安定（スタビリティ）機能がある。自分の必要に合った機能を備えているか確かめて購入する。

133

少しでも疲労や筋肉痛を減らしたいときは

アミノ酸系サプリメントを服用する

疲労回復が早くなる。筋肉痛をおさえられる

さらに知っ得　アミノ酸の種類は多い。ＢＣＡＡを選ぶ

134

顆粒、ドリンクなどいろいろあるが

顆粒が最も多く使われている

山でかさばらない。効果的に摂取されやすい

さらに知っ得　ＢＣＡＡは食べものやサプリから摂取する必要がある

135

必要量、摂取法は？

1日4000㎎を2～3回に分けて飲む

疲労回復などの効果が最も高い

さらに知っ得　歩き始め、昼食、下山時の3回服用が効果的

136

ほかに効果があるものは？

漢方薬の芍薬甘草湯も定番

足がつったときなどのけいれんや痛みを緩和

さらにやっとく　薬品なので医師や薬局に相談して利用

ＢＣＡＡを含むサプリメントを併用

サプリメントは栄養補助食品、健康補助食品などとも呼ばれる。ビタミンやミネラル、アミノ酸などの不足を補う目的があり、山登りではとくに筋肉痛、疲労回復に効果があるアミノ酸系のサプリメントが多く使われている。

アミノ酸は人間の体をつくるタンパク質のもとで、重要な栄養素。中でも体内で合成されない9種類の必須アミノ酸のうち、バリン、ロイシン、イソロイシンをＢＣＡＡと総称する。ＢＣＡＡは筋肉のエネルギー源、筋肉のコンディションを維持する働きがあり、中高年にとってもスムーズな疲労回復、筋肉痛の軽減などに効果があるとされる。登山中と下山後の摂取はとくに有効だ。

サプリメントのタイプはいろいろ

飲料は水分補給にもなる
Amino Value
カロリーが高い
ゼリーなら行動食
も兼ねられる
amino VITAL
SUPER SPORTS
スーパースポーツ
アミノバイタル
顆粒.錠剤は摂取が
はやく.軽く持ち運びに
適するので長期の登山に
も適する

？知っ得　BCAAさえとれば栄養は充分？

サプリメントは栄養・健康「補助」食品。次のページで説明するように日常の食生活で必要かつ充分な栄養をとり、サプリメントは補助的に活用するのが基本だ。

！やっ得　顆粒の正しい飲み方

コップ1杯ていどの飲みものと一緒にとる。飲みものは水のほか、お茶、ジュース、スポーツドリンクなどでもよい。溶かすと飲みづらい場合もあるので顆粒のままで。

✓試し得　アミノ酸のとり過ぎなどの注意は？

食品なので、健康な人ならとくに多量でない限り、とり過ぎの心配はない。食事指導や治療を受けている人は、医師などに相談してから使う。

137

日々の健康管理のポイントは

適度な運動、栄養、休養が基本の3要素

3要素のバランスがとれた生活を心がける

さらに知っ得　睡眠不足、かたよった栄養摂取を避ける

138

運動としての山登りの意義

山登りは有酸素運動（エアロビクス）

心肺機能も鍛えられ血行、代謝を向上

さらに知っ得　中性脂肪などを分解し成人病予防の効果も

139

カロリー摂取は控えめがよい？

栄養は充分に、余分は運動で消費

新陳代謝も促進できる

さらに知っ得　単に摂取を控えるだけでは、痩せても体脂肪率は高いまま

140

食生活の注意点は

バランスがとれた食事を心がける

1日30品目を目安に多様な多くの食品を食べる

さらに知っ得　栄養素とともにビタミンやミネラルも摂取できる

生活のパターンも食事もバランスを大切に

山登りやトレーニングは現代の生活で不足しがちな運動を補い、健康に貢献する。あわせて日常の食生活にも注意すれば理想的だ。

食品にはエネルギーとなる栄養素の炭水化物や脂肪、体のもとをつくる栄養素のタンパク質の3大栄養素、体の調子をととのえるビタミンやミネラルなどがある。繊維質なども含めてバランスよく摂取するのが理想的だが、カロリーや成分を考えてメニューを組み立てるのはたいへん。1日30品目を目安になるべく多くの食品をとると、栄養バランスを改善できる。

運動するばかりでなく、休養をとることも大切。とくに山へ出かける前はゆっくり休み、体調をととのえておくことを心がける。

規則正しい生活と、バランスのよい食生活

バランスのとれた食事が
健康管理の第一歩
規則正しい生活を
心がける
睡眠・休養は
たっぷりとる

?知っ得

有酸素運動（エアロビクス）が健康によい理由

「有酸素運動」と呼ばれるとおり、酸素をたくさん使い、長い時間をかけてする運動でジョギングや水泳、サイクリングなども含まれる。血行をよくして体を活性化、エネルギー源として脂肪を燃焼させて中性脂肪を減少、安静時の血圧低下、慢性疾患の発症率低下、ストレス軽減などの効果があるとされる。

?知っ得

無酸素運動（アネロビクス）とは

有酸素運動と対になる運動。短時間に、酸素を使わず、大きな力を発揮する運動で筋力アップの効果が高い。ウエイトトレーニング、短距離走などがある。

ケガ予防、疲労回復に効く！

山登りのためのストレッチ例

ストレッチの基本は無理をしないこと
勢いはつけず、じっくり伸ばそう

START!!

1

足を肩幅に開き、上に伸びる

2

後ろ足のかかとはつけたまま、アキレス腱を伸ばす

3

つま先を外側にして大きく足を開き、しゃがむようにして股関節をストレッチ

4

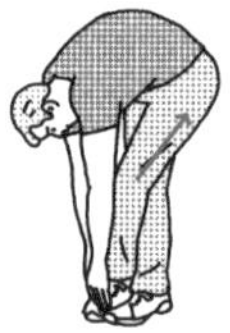

足を組んで前屈

5

両肩をじっくり伸ばす

6

上体を左右へ曲げる

7

太ももの前面をじっくり伸ばす

8

手首、足首をほぐす

9

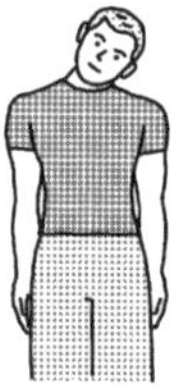

首を前後左右に曲げ、さらに回す

10

腕、肩を大きく回す

11

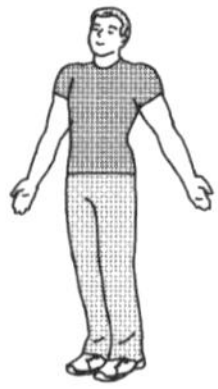

最後に深呼吸

FINISH!!

Part.5

メンタルケア講座

Mental Program

blessing of mentality

心気の余沢

日々積もる思いは数しれず
心の起伏をならし
英気を養う登山道

141

人はなぜ山へ登るの?

「そこに山があるから」

禅問答のようで、人それぞれに解釈ができる

もっとご利益　そう答えざるを得ないほど山に登る動機はいろいろ

142

山に登ることは気持ちがいい?

山の自然にひたればさわやかになる

自然の中で汗をかけば体もすっきり

もっとご利益　心も体も健康になれる

143

体力も装備もととのっていないが?

散歩プラスα程度の山へ出かける

体力や手持ちの装備に合わせられる

もっとご利益　いつでも、だれでも手軽に始められる

山に登る理由はいろいろ 人それぞれに楽しめる

「そこに山があるから」というイギリスの登山家ジョージ・マロリーの言葉がよく引用される。禅問答のような表現だが、山に登る動機は、そう答えざるを得ないほど多様である。スポーツや哲学的な側面もあって、ひとことでは表現しづらいことを象徴しているようだ。

中高年の登山愛好家に山登りを始めたきっかけや続けている理由を聞くと「健康のため」「自然に触れたかった」「いい汗をかける」「頂上の展望が楽しみ」「花にいやされる」など、さまざまな答えが返ってくる。どれもが立派な理由で、答えはひとつだけではない。各人各様に山を楽しめることも山の魅力である。

山は心も体も健康にしてくれる

体を動かして
気持のいい汗をかく
山の空気がおいしい
一歩一歩 登るうち
思いがけないほど
高い所に着いている
自分の足をほめてあげたくなる

?知っ得

21世紀のキーワード「多様性」は山登りにも

たとえば自然の中で過ごすことをとっても、「自然にのんびりひたっていやされる」「花を見るのが好き」「高山や冬山の厳しい自然条件に耐えて山頂に立つ達成感が最高」など人さまざま。だれにでも楽しめるのは、難易度だけでなく、山登りのスタイルにも、人それぞれ、多様に応えてくれる懐の深さが山登りにはあるからだ。

!やっ得

山登りの健康増進効果にはいろいろな要素が

日常生活と異なる環境で刺激を受け、五感がフル活用され、自律神経の働きが活発になるという転地効果も。森林セラピー、温泉浴なども心身を健康にしてくれる。

144

気が合う仲間と登ると?

話がはずむ励まし助け合える

山登りで出会う感動も共感できる

もっとご利益 山の知識、登り方なども共有できる

145

山で出会う人とは?

共通の趣味があり気さくに付き合える

日常の生活や仕事とは違う付き合いができる

もっとご利益 山にとどまらず世界を広げてくれる

146

山の仲間はどこで探す?

ネット、ツアー、言葉を交わした人など

出会いのきっかけを大切に

もっとご利益 友だちの友だちへと輪はさらに広がる

147

ひとり歩きはつまらない?

自分で計画、実行できる充実感がある

自主性と自立性を養える

もっとご利益 自己実現、自分探しにもなる

山仲間とのいい付き合いでいい人生が開ける

同じ趣味の仲間は楽しく付き合えるもの。とくに山好きどうしのそれは気がおけない。理由は、一日を一緒に山で過ごすことで、気取りやてらいがなくなり、素顔で接することができるようになる、力を合わせて計画を練って実行する、バテた人への思いやりで気持ちがひとつになるなど、山ならではの深い付き合いができるからだ。

一方、仲間がいない単独登山、ひとり歩きにも独自のよさがある。自分の力だけで登る充実感、達成感はグループのそれとは異なるものがある。自分の力を試したい、自分のペースでじっくり山と向かい合いたいといった動機に山はしっかり応えてくれる。

グループで、ひとり歩きで、それぞれ山と付き合うことで、ほかでは得がたい、豊かな人生が開ける。

仲間と登る山の魅力

互いに思いやり助け合うのは
山の仲間ならでは
気のおけない
付き合いで
会話もはずむ
仲間と登ることで技術や知識を
学んだり安全性を高めることもできる

？知っ得

グループでの役割を積極的に引き受ける

グループ登山にはリーダー、装備、会計などさまざまな役割が発生する。山登りは共同事業であり、できることは自ら引き受けたい。積極的に参加することで、より気持ちよく、充実した登山ができる。

✓試し得

単独登山は危険か？

万一の事故の危険性は高い。しかし、単独登山者は危険を回避するための綿密な計画、山での慎重な行動などに気を配る傾向があり、むしろ安全性が高い面もある。

148

同行者がいない、交通手段が確保できないときなど

ツアー登山を利用する

もっとご利益

貸切バスで登山口まで行ける

ガイドや添乗員も同行。不安も少ない

149

ビギナーが参加しても大丈夫?

その人に合ったツアーを選んでくれる

もっとご利益

わからないことは問い合わせ、相談する

装備などの相談、アドバイスもしてくれる

150

ツアーを選ぶときの注意は

ツアーの実績、運営体制などをチェック

もっとご利益

定員に対してガイド・添乗員が少ないツアーも

ガイドなど1人につき10人以下が理想的

151

ツアー中に体調を崩したら

すぐにガイドや添乗員に伝える

やってはいけない

引き返す、途中で下山するなど安全に対応してくれる

無理して歩けなくなる。さらに迷惑をかけてしまう

便利で安心して利用できるツアー登山

登山ツアーはターミナル駅などから貸切バスで登山口へ、帰りも下山口からバスでターミナル駅へもどるという日帰りから、1泊程度のバスツアーまでが人気を集めている。遠くの山では現地の最寄り駅などに集合する場合もあるが、いずれにしても登下山口までの交通がセットされ、自分で計画を立てずに済む。

ガイドや添乗員が同行するので、ビギナーも安心して歩ける。一緒に行く仲間が見つからない人には同行する山仲間を得られるなどメリットが多い。

募集案内には各コースの特徴や見どころ、山の難易度（グレード）などが解説されている。カタログやウェブサイトをチェックして自分に合うツアーを探そう。

ツアー登山は学ぶものが多い

経験豊かなガイドと同行すれば
山の技術も学べる
ツアーで一緒になる
人達との交流も楽しみ
ひとりでは気づきにくい
花なども教えてくれる

？知っ得

行きたい山があったら難易度もチェック

カタログなどツアーの一覧には難易度（グレード）が記されている。ツアー参加には、どの程度の登山経験や体力が必要か、難易度から目安を知ることができる。

！やっ得

ガイドの話に耳を傾けよう

通常、ツアー中には、ガイドから山の歩き方や自然の知識、トイレやゴミの持ち帰りなどの山のマナーなどが話される。ただ登るだけでなく知識やマナーも学びたい。

✓試し得

ツアーも山登り。安全が最優先される

ツアー会社やガイドは参加者が目的の山頂に立てるようベストを尽くす。しかし、天候の悪化や危険が予想される場合はコース変更や途中での下山もありうることを念頭に。

152

「日本百名山」って？

小説家・深田久弥が選んだ百の山を著作に

50年ほど前に出版され、全国から名山を選定

もっと知っ得　北海道の利尻山から鹿児島県の屋久島・宮之浦岳まで紹介

153

なぜブームになった？

選択が妥当で理由も多面的

名山の魅力が的確に表現され山岳書のベストセラーに

もっと知っ得　さらに百名山を登る登山者が増えてきた

154

百名山を登るおもしろさは？

日本各地の個性豊かな山を旅する楽しさ

岩稜の山、秀麗な山、花の山、信仰の山などそれぞれ魅力的

もっと知っ得　完登すれば達成感もひとしお

155

百名山を登るのは大変そうだが？

登山のプランなど情報が豊富

百名山を目的としたツアーもひんぱんに行われている

もっと知っ得　集中して計画的に登れば数年で達成も可能

百名山を登れば各地の山の個性が見えてくる

「日本百名山」は深田久弥が個人的に選び、同名の著作にまとめたもの。高さ、山容、歴史、自然、山の品格などさまざまな面から山をとらえ、描写することにウェイトが置かれた随筆集である。

山登りは結果だけでなく過程も大切。単に百名山の頂上を踏むだけで終わることなく、「日本百名山」を一読し、それぞれの山の魅力、深田が山に寄せた思いやこの本に影響を受けた数々の登山家たちの思いを味わいながら登りたい。そうすれば、百名山から得られる感動はより大きく、登山をより深いものにできる。

ハードカバーや文庫本が刊行されている（写真は新庁舎・新装版）

それぞれの魅力を感じたい日本百名山

日本百名山にも
それぞれの個性がある
百名山すべての登頂目標に
するのもいいだろう

?知っ得

「日本二百名山」「日本三百名山」も

日本二百名山は、深田久弥を敬愛する深田クラブが選定。深田が当時、登っておらず選にもれた山、各地の名山など百山プラス百名山で二百名山。「日本三百名山」は日本山岳会が二百名山を選定し、日本百名山にプラス。「花の百名山」は作家・田中澄江の選定。ほかに「関東百名山」「うつくしま百名山」（福島県）など地域の百名山も。

!やっ得

オリジナルの百名山を選ぶのもおもしろい

既製の××名山のトレースではなく、自分が登った山から百山を選び「私の百名山」としてまとめる人も多い。選択基準を考えるなど、選ぶ過程も楽しめる。

156

展望がいい山は？

周囲の山より高く山頂に木などがない山

高山はおおむね展望に優れている

もっと知っ得　低山で好展望の山はガイドやネットで探すとよい

157

空気が澄んで展望がいい季節は？

太平洋側では秋～冬が晴れて好適

時間帯は一般的に早いほうが遠望がきく

もっと知っ得　台風一過の晴天なども狙い目

158

どのくらい遠くまで見える？

和歌山の妙法山から富士山（約３２３㎞）

埼玉の雲取山などから北アルプス白馬岳など（約１５０㎞）

もっと知っ得　都心から新潟の苗場山が見える（約１６０㎞）

159

見えている山の名前がわからないときは？

現地で広域の地図を使い、調べる

周辺の特徴ある山を手がかりにすると探しやすい

もっと知っ得　パソコンのソフト、スマートフォンのアプリなどもある

山頂で開ける景色はつらい登りのごほうび

山の楽しみは人それぞれだが、山岳展望は中高年登山者に最も人気が高い。山頂などに登り着いて開ける展望は、自分の足で登って得られるだけに感動もひとしお。登りの疲れも吹き飛ぶほどだ。

見える山の名前を判別することを山座同定という。展望盤がある山、ガイドブックにパノラマ写真がある山などは同定が容易だ。地図などを頼りに自力で同定するのも楽しい。

登ったことがある山なら思い出にひたり、まだ登っていない山なら登頂の憧れをはぐくむことも楽しみのひとつ。テーマを持つのもよい。

解説があれば見える山もよくわかる（写真は高尾山金比羅台）

展望がいい山に登ろう

展望がよい山には
晴れて遠くまで
見える日に登りたい

？知っ得

地図から調べるには

遠くの山は登山用の地図の範囲内に収まらないことが多い。広域の地図が付いている場合はそちらを、ない場合は別途、広域の地図を用意する。コンパス（磁石）を使い、地図と現地の方角を一致させるとわかりやすい。

！やっ得

事前に展望を下調べしておく

「展望の山」といったガイドブックで見える山の説明、パノラマの図解をチェック。フリーソフト「カシミール3D」に付属する「カシバード」を使えば任意の場所、高さから鳥瞰図を描き、山名を入れることも可能。

160

下山して温泉に入ると

夏は汗を流し冬は冷えた体を温められる

温泉では転地効果もより高い

もっとご利益 リラクゼーション効果で気分転換も

161

入浴後のストレッチやマッサージは

体が温まり無理なくできる

より体がほぐれる、湯上がりのビールも最高

もっと知っ得 ただし、脱水症状、水分補給には気をつける

162

温泉がある山小屋などに泊まると

登山者でないと行けない秘湯に入れる

露天風呂で山岳パノラマ、星空を眺められる

もっとご利益 東北など湯治場の面影を残す宿も魅力

163

森の中をゆっくり歩くときは

森の香りや空気を深呼吸で感じる

ストレス解消、セラピー効果が得られる

もっと知っ得 巨樹に会いに行き、日本の自然を感じる

下山後の入浴は温泉天国 日本ならではの楽しみ

温泉に入ると、山でリフレッシュした気持ちがさらにくつろぐ。

車では行けない山の中の温泉に入れるのも登山者ならではの特権。山にも湯にもどっぷり浸れる。さらには宿などの施設がなく、場合によっては自分で湯舟をつくる必要がある野湯など、温泉の楽しみは尽きない。

30年ほど前に提唱された森林浴は、科学的な研究や裏付けが進み、ストレスや生活習慣病の改善に効果があるとされる。最近では森林セラピーと呼ばれ、各地に森林セラピー基地、セラピーロードが誕生している。

森林セラピー基地のひとつ、奥多摩・三頭山の東京都檜原都民の森

温泉浴・森林浴でくつろぐ

とくに下山後は
水分不足のことが多い
飲酒は控える
シャンプーや石けんは
常備されていないこともある
必要に応じて自参する

？知っ得

熱い湯とぬるい湯、どちらがいい？

いきなり熱い湯に入ると体の負担が大きい。また、熱い湯に短時間より、ぬるい湯に長時間のほうが体の芯まで温まる。

✓試し得

お酒を飲むのは風呂を出てから

飲酒後の入浴は脱水症状を起こす、心臓に負担がかかる、血圧が高くなるなどの危険性がある。飲酒中の入浴も心臓などに負担がかかるので不可。風呂に入ると、汗で体の水分が失われる。入浴後のビールはおいしいが、とくに酒を飲むときは脱水症状に注意する。酒以外の水分も充分にとるのが安全だ。

164

季節の花や紅葉をたずねて山に登ると

山と花のコラボで魅力が倍増

花と会う。開花時期に合わせて計画を立てる

もっとご利益　季節をより実感して登れる

165

その山の特産の花、名花をたずねる

植生の特徴から気候や風土がわかる

地質や地形による違いにも注目

もっとご利益　花に親しむことで山の特徴が見えてくる

166

山の紀行やエッセイ、写真集などに親しむと

先人や達人の哲学、視点を知れる

山の世界、視野がさらに広がる

もっとご利益　山を歩いて気づくこと、学ぶことが増える

167

山の写真を撮る、文章を書く、スケッチすると

山をより深く感じ、知ることができる

写真や書いたものなどを記録としてまとめる

もっとご利益　ブログ、本などにできる。他の人と共有ができる

山は文化。世界を広げ感動を与えてくれる

　同じ山を登っても、季節によって違う花が迎えてくれたり、その山ならではの花が見られたりする。花は山の思い出をずっと豊かなものにしてくれる。

　植生の違いなど、広く生態学的な見方もおもしろい。山の気象や地学の特徴が見えて、山を総合的に理解できる。

　ツアーのガイドの話、友だちやネットの情報など、山の勉強になることはいろいろある。実際に会ったり、話したりするだけでなく、本から学ぶこともできる。学んだことを自分の言葉などで表現すれば、山を感じたり、理解したりする力も養える。

山登りはスポーツ、精神の営みもある

絵や文章をまとめることは
山から帰ってからの楽しみにもなる
一日・山を歩いていても
案外にきちんと見てないもの
写生は山を見る目を
養ってくれる
花は山に魅力を
そえてくれる
花から山の特徴が
見えてくる

?知っ得

「とっていいのは写真だけ」ではない

花は採らずに、撮ることで自然をまもろうという標語だが、誤解して、写真を撮るために群生地へ踏みこんでしまう人がいる。周囲を踏みつけるだけでも生育環境や根を傷つけるので、登山道をはずれないで撮影を。花が離れているときに備えて、望遠レンズ、望遠が充実したデジカメを用意していくとよい。

?知っ得

ヤマケイ文庫(山と渓谷社)でよみがえった山岳文学の古典

時代が過ぎても色あせない古典的な名作の数々が文庫本で再刊されている。例えば『わが愛する山々』は「日本百名山」の著者、深田久弥の味わい深い紀行文集。『星と嵐』はアルプスのガイド、G・レビュファが自然と仲間を賛美する6つの北壁登攀記。時代を越えた名作の数々を一読し、山への理解を深めよう。

168

山の歴史や信仰に親しむには

峠越えの道や旧街道を歩く

山の名前の由来を知ることができる

もっとご利益　山と人とのかかわりの歴史を知る

169

ネットを活用するときは

山行記録やコースの最新情報を集める

ネットを通じての交流、仲間づくりも

もっとご利益　登った山や用具のレポートなどの情報を自ら発信する

170

山はみんなのものだから

ほかの人への影響を考えて行動する

道を譲りあう、休憩場所を独占しない

もっとご利益　山の印象が気持ちよいものとなる

171

山の自然は傷つきやすく復元しづらい

ゴミを持ち帰る、登山道ははずれない

小さな行動も積み重なると自然を破壊

もっと知っ得　ひとりひとりの気配りが自然をまもる

人にも自然にもやさしく美しい山をまもる

相手の立場で考えることは人間関係を気持ちよく、スムーズにしてくれる。山では、ペースが速く、追いついてきた人がいたら道を空ける、ゆずられた人はお礼をいう、休憩場所が混んできたらスペースをつめるなどなど。マナーやエチケットを大切にして登ることを心がけよう。山の中でも下りてからも、山にふさわしいすがすがしい気分になれる。

山の自然はデリケート。たとえば、踏みつけられて裸地化した尾瀬の湿原は数十年、復元の努力が続けられているが、まだ道なかばだ。自然へのマナーも大切にして、美しい自然を後世に伝えたい。

山登りの世界は広く深い

山道を歩き
自然にやさしく
山登りを楽しむ
その山の歴史や信仰に
触れることで山登りが
より深くよりおもしろいものに

？知っ得

桧洞丸、畦ヶ丸…なぜ「山」ではなく「丸」？

神奈川県の丹沢や山梨県などに見られる丸がつく山名。朝鮮語で山を示す「マル」が語源とされる。付近に渡来人が住んだためで、地名から歴史をうかがえる。

！やっ得

あいさつすればより気持ちよく歩ける

道をゆずりあったときなら「ありがとうございます」「お先に」「お気をつけて」などのあいさつを交わす。登山情報の交換につながることも。

！やっ得

ゴミはどこまで持ち帰る？

ゴミを山で捨てないのはもちろん、家まで持ち帰るようにする。駅やバス停にゴミ箱があってもゴミの処理は現地の負担になるし、分別のしかたが異なることも。

山登りは生涯学習！ 一生涯、学び、楽しめる10の理由

1 体力がなくてもできる
決まったルールや制限時間などはなく、その人に合ったコース、計画で歩ける。

2 技術がなくてもできる
山登りは基本的に歩く行為。初歩的な山登りなら、とくに技術は必要ない。

3 用具が少なくて済む
初歩的な登山コースなら必須の用具は歩くための靴などだけで済む。

4 身近にフィールドがある
日本は山国。全国どこでも近いところに山があり、登山コースがある。

5 健康にも効く
歩くことで体調を整え、脂肪を消費することで成人病の予防効果なども。

6 自然の中での行為
一日、緑のなかを歩くことで心もリフレッシュできる。

7 仲間づくりにもなる
一緒に登る人、山で出会った人などとの出会い、交流の場になる。

8 旅の要素もある
山の途中や麓で温泉、味覚、名産など、その土地の楽しみが待っている。

9 学ぶことがいろいろある
山登りの技術はもちろん自然や人文の知識、人や自然との付き合い方などを学べる。

10 人それぞれに楽しめる
山の魅力はさまざま。どれを選び、計画するかを自分の好みや事情で決められる。

「自分を啓発して生活を充実、向上させるために、自発的に行動する」ことが生涯学習の基本。山登りは、山の頂上に立つだけの行為ではなく、その過程や周辺でたくさんのことを学べる。自分に適した手段や方法が選べる点、健康の維持、増進にも効果が高いなどの特長もある山登りは生涯学習に好適だ。

Part.6

ガイド

Guide

introduction to mountains

山旅の序章

山も人と同じで千種万別
自ら選んだ山こそ
始まりを飾るにふさわしい

172

初めての山歩き。体力に自信がない

歩行時間（コースタイム）が短い山を選ぶ

余裕をもち、安心して歩ける

やってはいけない
歩行時間を考えずに出かける。バテてしまう

173

登りが心配なときは

ケーブルカーなどがある山を選ぶ

登り下りの標高差を小さくできる

やってはいけない
標高差が大きい山を選ぶ。途中で日が暮れる

174

食料など持ちものがわからない

コース途中に茶店などがある山を選ぶ

食事や天候急変の不安を少なくできる

やってはいけない
装備が足りないまま施設がない山に行く

初めてで不安があれば行楽地の山を選ぶ

体力に自信がない、山登りとはどんなものかよくわからないなど、中高年の初心者にとっては最初は不安が多い。その点、行楽地にもなっている山なら、観光客でも歩けるハイキングコースが整備され、ケーブルカーやロープウェイの利用もできる。指導標、休憩所などの施設が整っている、歩いている人が多いことなども安心材料となる。とはいえ、天候が崩れた場合など自然の厳しさにさらされることもある。きちんとコースを下調べし、装備を調えるなど、しっかり計画する。天候にも注意するなどの心構えや準備が必要だ。

山頂直下までロープウェイで登れる筑波山・女体山から男体山を望む

標高は低くても行楽地の山は魅力いっぱい

高尾山は手軽に登れて、季節折々の花、古刹・高尾山薬王院、そばをはじめ十数軒ある味どころ、富士山の展望など、楽しみが多い

?知っ得

年間300万人近くが訪れるという人気の低山、高尾山《たかおさん》（東京都）

6コースの自然研究路など登山道が整備され、行楽客も利用する1号路が最も容易。ビギナーも無理なく登れるがケーブルカー、リフトも。山頂（599m）は富士山の眺めがよい。［アクセス］京王線高尾山口駅下車ほか。［歩行時間］1～3時間

?知っ得

行程が短くアクセスも便利な奥武蔵・日和田山《ひわださん》（埼玉県）

手軽に登れるが、山頂（305m）付近は関東平野や奥多摩の山など眺めがよい。巾着田に寄れば春は菜の花、秋はヒガンバナなどが迎えてくれる。歩き足りなければ物見山まで縦走を。［アクセス］西武池袋線高麗駅下車ほか。［歩行時間］2～4時間

?知っ得

低いが、古来、富士山と並び賞せられた名山、筑波山《つくばさん》（茨城県）

女体山（877m）と男体山（871m）からなり、山頂の展望や途中の奇岩も魅力。ケーブルカー、ロープウェイを使わずに登るとやや健脚向き。［アクセス］つくばエクスプレスつくば駅→バス→筑波山神社前、つつじヶ丘。［歩行時間］1～4時間

175

汗を流して山から帰りたいときは

下山口の近くに温泉がある山を選ぶ

入浴、休憩してリフレッシュできる

やってはいけない　入浴時間を考えずに計画。下山後、入浴する余裕がない

176

着替えが荷物になるなら

肌着とタオルだけでも持っていく

清潔なウェアに着替え、サッパリして帰れる

やってはいけない　着替えを防水せずパッキング。雨で濡れてしまう

177

石けんやシャンプーも持っていく?

日帰り温泉館なら備えつけがある

石けんなどの荷物を減らせる

もっと知っ得　温泉地の古い共同浴場など備えつけがないところも

178

温泉に入れる山の見つけ方は

温泉がテーマのガイドブックで探す

山登りと組み合わせたプランで案内されている

やってはいけない　下調べをしない。行ってみたら休館日や時間外のことも

温泉との組み合わせはまさに極楽登山

　地域おこしと温泉ブームがあいまって、かつては温泉地ではなかったところにも温泉が誕生し、下山口近くに温泉館がある山も少なくない。そうした施設は日帰りの利用が主体で立ち寄りやすい。風呂や洗い場が広い、食事どころや売店も併設されているなど、設備が整った施設が多いのもうれしい。

　温泉で体を温めてから下山後のクーリングダウンをすると、無理なく曲げ伸ばしができ、一石二鳥だ。

　入浴すると汗をかく。山で汗をかいた分とあわせて、水分を補給し、体調を整えることも忘れずに。

三斗小屋温泉は山道を歩かなければ入れない秘湯。2軒の旅館があり、写真の大黒屋は戊辰戦争で官軍に焼かれ、再建した建物も風情がある

山岳列島で温泉天国の日本ならではの楽しみ

茶臼岳は那須のシンボル。火山らしく砂れきと岩の荒々しい姿で、山腹から蒸気を上げる

?知っ得

富士山の眺めと金太郎伝説で人気、箱根・金時山《きんときやま》(神奈川・静岡県)

箱根外輪山最高峰（1213m）、山頂に茶店が建ち、登山者は多い。仙石、箱根湯本など旅館の立ち寄り湯も豊富。静岡側も立ち寄り湯あり。［アクセス］箱根登山鉄道箱根湯本駅→バス乗継ぎ、または東名高速バス→乙女峠。［歩行時間］3〜5時間

?知っ得

十一湯とも呼ばれる豊富な温泉地にそびえる那須岳《なすだけ》(栃木県)

蒸気を上げる茶臼岳（1915m）、最高峰の三本槍岳（1917m）などのピークが連なる。秘湯・三斗小屋温泉に宿泊でも日帰りでも楽しめる。麓のいで湯も豊富。［アクセス］JR黒磯駅→バス→那須ロープウェイ山麓駅ほか。［歩行時間］2〜8時間

?知っ得

「智恵子抄」にも詠われた南東北・安達太良山《あだたらやま》(福島県)

利用者が多い登山口の奥岳温泉をはじめ麓の温泉が豊富。さらに山中のくろがね小屋は奥岳の源泉で全国でも珍しい温泉付きの山小屋だ。山頂（1700m）は小岩峰で眺めがよい。初夏〜夏の高山植物も魅力。［アクセス］JR東北本線二本松駅→バス→岳温泉→タクシー→奥岳ほか。［歩行時間］3〜6時間

179

花の山へ行きたいときは

咲いている時期 種類を確認する

目的の花の見ごろに出会える

やってはいけない

花が咲いていないとき、花のないコースに出かける

180

低山の花の見ごろは

首都圏では桜の前後から紅葉の前まで

長い期間、花を楽しめる

もっと知っ得

花の咲き変わりの時期もある。事前に確認する

181

高山の花の見ごろは

7月下旬ごろから8月なかばまで

珍しい高山植物やお花畑が見られる

やってはいけない

高山に登る技術や経験なしに出かけてしまう

182

花をより楽しむためには

図鑑、カメラ、拡大鏡などを用意する

花の同定はもちろん、観察に役立つ

もっと知っ得

年により花期や咲き具合が異なる。事前に確認して検討する

季節により見ごろとなる花をたずねて山を歩く

桜の便りが聞かれるころ、首都圏低山でも草木が芽吹き始め、山野草が咲き始める。若葉が広がる前後が最も種類が多いが、初夏のツツジ、夏のアジサイやユリの仲間、秋のアザミや野菊の仲間など、季節折々の花が見られる。また、花前線は新緑とともに山を駆けのぼり、初夏には中級山岳も花が咲き始める。

雪解けが遅い高山では梅雨明けの7月下旬から旧盆の8月なかばにかけて、高山植物がピークを迎える。低山では見られない花や珍しい特産種、群生してお花畑を見せるものが多いことも魅力となる。

草津白根山のコマクサ。あでやかなピンクの花は高山植物の女王と呼ばれる

花の山に登ると季節の訪れを実感できる

高原状に開けた入笠山のスズラン群生地。山頂は中部山岳の展望台と呼ばれ、北・南・中央アルプス、八ヶ岳などのパノラマが圧巻

?知っ得

1万本という桜が迎えてくれる、外秩父・蓑山《みのやま》（埼玉県）

山頂（587m）一帯に整備された美の山公園は桜やアジサイの名所。山全体に雑木林が多く山野草、ヤマツツジなどの花も豊富。新緑や紅葉もきれい。［アクセス］秩父鉄道親鼻駅、皆野駅、和銅黒谷駅下車。［歩行時間］3〜4時間

?知っ得

首都圏では貴重なコマクサの大群生地、草津白根山《くさつしらねさん》（群馬県）

本白根山（2171m）一帯の砂れき地に全国でも指折りのコマクサ群生地が広がる。ヒメシャジン、ハクサンオミナエシなど高山植物も群生する。草津温泉も魅力。［アクセス］JR吾妻線長野原草津口駅→バス→白根火山ほか。［歩行時間］2〜4時間

?知っ得

スズランなど高原の花が豊富、南アルプス前衛・入笠山《にゅうかさやま》（長野県）

初夏のスズランが有名だが、その前後から秋口にかけレンゲツツジ、マツムシソウなど次々に咲く。山頂（1955m）付近に牧場が広がり、展望もよい。［アクセス］JR中央本線富士見駅→バス→富士見パノラマリゾートほか。［歩行時間］2〜4時間

183

紅葉の山、見ごろを知りたい

目的の山のエリア標高などをチェックする

おおよその時期の見当をつけられる

やってはいけない　現地情報を確認しない。紅葉のピークを逃す

184

紅葉がきれいな山を探すには

落葉広葉樹が多い山が狙い目

紅葉する木が多い。秋にはみごと

やってはいけない　針葉樹が多い山、植林が多い山を選ぶ。紅葉が少ない

185

年により紅葉のきれいさが違う?

夏の天候、台風などから見当がつく

夏に晴天が続き、台風の被害を受けない年は紅葉がきれい

もっと知っ得　さらに急激に気温が下がると鮮やかに紅葉する

186

紅葉の時期の山は注意が必要?

気温が低く、日が短くなる

気温が0度近くまで下がることがあるので注意

やってはいけない　天気が悪い日に登る。雪やみぞれにあう

秋は山頂から麓へと下りてくる

澄んだ青空と色とりどりに紅葉した山の競演は秋山最大の楽しみだ。山の紅葉は基本的に北の高いところから始まる。北海道の大雪山では9月なかばごろから色づき、本州の北アルプスなどの高山は9月下旬～10月初め、標高2000m前後の中級山岳は10月上旬ごろが例年の目安。高尾山など近郊の低山では11月下旬前後にようやく見ごろとなる。

2カ月以上にわたる紅葉だが、個々のピークは1週間足らず。年により時期がずれる。最高の紅葉に出会うには、マメに情報チェックをし、現地に問合せするなどの必要がある。

東京近郊でも鎌倉のモミジなどは見事。この時期にはぜひ足を運びたい

青空の下、秋色に染まる山をたずねたい

高峰高原の黒斑山付近など外輪山に立てば浅間山が間近。紅葉したカラマツなどの林の上にそびえる

? 知っ得

鎌倉アルプスの別名でも親しまれる、鎌倉・天園《てんえん》（神奈川県）

鎌倉は全体に常緑樹が多いが、天園（159m）西側、獅子舞の谷はカエデやイチョウの紅黄葉がみごと。長谷寺など社寺の名所もたずねると、より趣深い。例年11月下旬前後。［アクセス］JR横須賀線鎌倉駅・北鎌倉駅ほか。［歩行時間］1〜3時間

? 知っ得

黒斑山（2404m）、高峯山などコースが豊富な上信・高峰高原《たかみねこうげん》（長野県）

カラマツが多く、山の上は例年10月なかばごろ、アクセスの車道沿いでは11月なかばまで黄葉を楽しめる。浅間山をはじめアルプスの展望も。［アクセス］長野新幹線佐久平駅・しなの鉄道小諸駅→バス→車坂峠・高峰温泉。［歩行時間］1〜4時間

? 知っ得

山上湖を囲んでピークが連なる、上毛・赤城山《あかぎやま》（群馬県）

日本百名山にも選定。最高峰の黒桧山《くろびさん》（1828m）を火口湖・大沼湖畔から駒ヶ岳とともに一周すると手ごろ。紅葉はミズナラ、カエデ類などで例年10月上中旬。［アクセス］前橋駅→バス→赤城山ビジターセンター。［歩行時間］4時間前後

187

夏、蒸し暑い低山もアルプスなどの高山も避けたい場合

標高2000m前後の高原に出かける

涼しく花も豊富。ビギナーも楽しめる山が多い

やってはいけない 天気が悪いときに登る。風や雨をさえぎる樹林がない

188

山登りを楽しめる時期は？

5月下旬ごろから10月上旬ごろまで

初夏は新緑や花、秋は紅葉を楽しめる

もっと知っ得 標高が高いので、晩秋から春は寒く、雪も降る

189

エリア的にはどのあたりに多い？

東京起点なら信州や周辺に豊富

標高が高く、登山道が整備されている山も多い

やってはいけない 高原と名づけられても標高が低く暑い観光地にいく

190

ちょっと遠いと思ったら

泊まりがけで計画する

ゆとりをもって楽しめる。休みが多い夏のプランにもよい

もっとやっ得 日程に余裕をもたせれば周辺の見どころや味も楽しめる

夏もさわやかな高原で散策するのも楽しい

夏、低山の暑さを避けて高い山へ行きたいが、アルプス・八ヶ岳など本格的な高山での登山は避けたい。そんな人におすすめなのが、標高千数百〜2000mの高原歩き。涼しいうえ、地形がなだらかで体力や技術はとくに必要ない。展望がよく、高山植物が豊富な山も多い。

標高が高いところまでドライブウェイやロープウェイで行けて、観光地になっているところも多い。周辺に食事どころ、美術館や博物館などのスポットに恵まれていることもあるので、泊まりがけで旅行を兼ねて出かけるのもおもしろい。

霧ヶ峰・車山で鷲ヶ峰、八島ヶ原湿原を見ながらランチ

初夏から夏は花をたずねる高原散策が楽しい

初夏にミズバショウが咲く尾瀬ヶ原中田代から至仏山を眺める

?知っ得

ミズバショウ、ニッコウキスゲなど花の楽園、尾瀬《おぜ》（群馬・福島県）

燧ヶ岳や至仏山の高山に囲まれた湿原の尾瀬ヶ原（約1400m）、高山湖の尾瀬沼（1660m）などの総称。日帰りはどちらか、山小屋泊なら両方を歩ける。［アクセス］群馬県側：鳩待峠、大清水ほか。福島県側：尾瀬沼山峠ほか。［歩行時間］2～8時間

?知っ得

男体山などの展望が明るく開けた牧場を歩く、日光・霧降高原《きりふりこうげん》（栃木県）

夏のニッコウキスゲが有名だが春のカタクリ、初夏のツツジ、秋の紅葉も美しい。霧降高原牧場を経て霧降滝へ下ると、のどかな草原が広がり、男体山など日光連山も見渡せる。［アクセス］JR・東武日光駅→バス→霧降高原。［歩行時間］1～4時間

?知っ得

アルプスや八ヶ岳の山岳パノラマが圧巻、中信・霧ヶ峰《きりがみね》（長野県）

日本百名山にも選ばれた牧歌的な高原で最高峰は車山（1925m）。初夏のレンゲツツジ、盛夏のニッコウキスゲ、晩夏のマツムシソウなど花も楽しみ。［アクセス］JR中央本線上諏訪駅→バス→車山高原ほか。［歩行時間］1～4時間

191

夏も涼しく登りたいときは

沢沿いのコースを探す

沢の水で冷やされるので気温が低く快適

やってはいけない　一見、沢沿いだが道が沢から遠く暑いコースを選ぶ

192

沢は下ってもよいか

原則として下りは避ける

登りは沢や岩場でも歩きやすい。安全な計画が立てられる

やってはいけない　急な沢を無理して下る。事故の原因となる

193

雨の日での沢登りは

雨が降っているとき、直後は避ける

増水、足場が濡れて滑りやすいなど危険

やってはいけない　天候や沢の状況を考えず山登りを強行する

194

暑さ対策は不要か

着替えやタオル、飲みものなどを用意

沢を離れて登り下りし、汗をかくコースも対応できる

やってはいけない　荷物を軽くしようと暑さ対策の装備を省いてしまう

涼しい沢沿いのコースでベテラン気分を

夏はアルプスなどの高山が登山適期となる一方、近郊の低山などは蒸し暑い。この時期、涼しく登れる沢登りがベテランの人気を集める。沢登りは道がないところを歩き、岩登りやルート探しなど高度な技術が必要だが、沢のなかを歩く登山コースは一般登山者にも楽しめる。

ただし、沢は登るより下りのほうがむずかしいので、下りは一般道の山道をとるのが原則。沢は途中で終わり、登りに汗をかくこともあるので、下着の替えや汗拭き用のタオル、熱射病対策の飲みものは必携。下山後、温泉に入ると、さっぱりできる。

西沢渓谷の七ツ釜五段ノ滝。高さ５０mほどあり、登山道は滝左手の斜面を通る

沢から登ると涼しく、渓谷美も満喫できる

手軽に歩けて東京都内とは思えない山深さを感じさせる奥御岳渓谷

?知っ得

ケーブルカーで行ける「ミニ奥入瀬」、奥多摩・奥御岳渓谷《おくおんたけけいこく》（東京都）

山頂に武蔵御獄神社をまつる霊山・御岳山（929m）からひと足のばせばたずねられる。多摩川支流の源流で苔むした岩は東京都内と思えない山深さを感じさせる。［アクセス］JR青梅線御嶽駅→バス・ケーブルカー→御岳山駅。［歩行時間］一周約3時間

?知っ得

関東ふれあいの道で沢登り気分を楽しめる、奥武蔵・棒《ぼう》ノ《の》折山《おれやま》（埼玉県）

棒ノ折山（969m）の白谷沢コースは10m近い滝もある。階段や鎖が整備されているが、やや山慣れた人向き。起点に日帰り温泉がある。［アクセス］西武池袋線飯能駅→バス→さわらびの湯。［歩行時間］滝ノ平尾根を下山し一周約5時間

?知っ得

滝や岩がダイナミックな景観を見せる、奥秩父・西沢渓谷《にしざわけいこく》（山梨県）

白く輝く花崗岩の岩と豊かな瀑水、コバルトブルーの淵がみごと。新緑・紅葉の名所でもあり、帰り道の森林浴コースは初夏にシャクナゲが咲く。［アクセス］JR中央本線塩山駅・山梨市駅→バス→西沢渓谷入口。［歩行時間］一周約5時間

195

岩登りを体験してみたい

一般コースで岩場や鎖場がある山を選ぶ

岩登りの魅力にふれられる。トレーニングにもなる

もっと知っ得

一般コースでも初歩の岩登り技術は必要

196

スリップの危険性を避けるには

傾斜がゆるく足場が豊富なコースを選ぶ

ベテランと同行、ロープで確保すればさらに安全

やってはいけない

気を抜き油断する。転落の危険につながることがある

197

ストックが邪魔になる

長い岩場、困難なところは畳んでザックに

やさしい岩場なら片手にたばねて持つか手首から提げてもよい

やってはいけない

むずかしい岩場でも提げたまま。バランスを崩すことも

198

その他の注意

岩は濡れると滑りやすくなる

雨のときなど岩場を避ける。コースを変える

やってはいけない

凍結があり得る冬に岩登りをする。積雪時はさらに危険

独特の魅力がある岩登りだが危険性も高い

岩場をよじ登って頂上に立つ山では、登頂の達成感がひときわ高い。岩を登ること自体も、歩くだけの山登りでは得られがたい爽快感がある。一般登山コースとされる北アルプスの槍ケ岳などでも、初歩的な岩登りの技術は必要で、岩場がある山に登れば、登山のトレーニングにもなる。

岩場ではスリップや転落の危険性がつきまとう。両手両足をしっかりと手がかりや足場に置き、手足のどれか1カ所ずつ動かして登る「3点確保」を心がけよう。後続の登山者に危険なので、落石を起こさないなどの注意も必要だ。

伊豆ヶ岳の男坂。くれぐれも安全に注意し、慎重に登ろう

眺めも緊張感も独特な岩場の山

妙義山石門巡りの最上部にある第四石門。ぽっかり口を開けた石門越しに大砲岩を眺める奇勝だ

?知っ得

駅から歩き出せて行程も手ごろな奥武蔵・伊豆ヶ岳《いずがたけ》(埼玉県)

伊豆ヶ岳(851m)山頂北側の男坂が鎖のかかる岩場になっている。見かけほど急ではないが50mほどあり、落石を起こさない注意も必要。女坂を通ればふつうの山道で山頂に立てる。[アクセス]西武池袋線正丸駅下車。[歩行時間]一周3～4時間

?知っ得

岩場がそそり立って奇勝を見せる上毛・妙義山《みょうぎさん》(群馬県)

中国の桂林のような岩峰や岩場が目をひく妙義山(1104m)だが、中間道、石門巡りに鎖場がある一般向きコースも整備されている。石門などの鎖場は巻き道もある。[アクセス]上信電鉄上州富岡駅→バス→妙義神社。[歩行時間]一周1～5時間

?知っ得

岩峰の山頂は360度のパノラマが迎えてくれる、奥秩父・乾徳山《けんとくさん》(山梨県)

標高2031mと高く、登山口からの標高差も1000m以上。3カ所の鎖場は山頂に近づくほど大きい。最後の頂上直下は25mほどあり、ややベテラン向き。[アクセス]JR中央本線塩山駅・山梨市駅→バス→乾徳山登山口。[歩行時間]一周5～6時間

199

北アルプスに登りたい

やさしい山からステップアップする

技術や知識を学びながら登れば、より安全

やってはいけない　いきなり険しい山に登る。岩場で転落事故を起こす

200

高い山に登る体力があるか不安

ゆっくり登る。不安なら一日の行程を短く

無理がない歩行時間で歩ける。余裕をもてる

もっと知っ得　出発前に体調をととのえておくことも重要

201

山小屋ってどんなところ?

男女一緒の相部屋泊まりがふつう

食事は頼めるが風呂、寝間着などはない

もっと知っ得　緊急時を除き、予約しての利用が好ましい

202

富士山に登りたい

登山口で休んで、ゆっくりペースで登る

高度順化がスムーズで結果として早く確実に登れる

やってはいけない　メジャーな山だからと軽装、装備不足で登る

高山の縦走は夏山の醍醐味

本場ヨーロッパのアルプスを思わせる岩稜や残雪、高山植物のお花畑など、夏の高山は魅力にあふれる。山小屋に泊まり、長い行程を縦走する充実感も夏の高山ならでは。反面、厳しい気象、標高差があり体力が必要な登山道など難易度も高い。最初は標高差が少なく、困難な岩場や雪渓がないコースから始めて、高山に馴れていくのが安全だ。

富士山は一般の人も多く登る山だが、日本一の高さでありながら夜行日帰りで登られることが多い。その分、高山病が出やすいため、無理のない行程で、天候がよい日に登る。

富士山吉田口の頂上直下。鳥居をくぐると山頂に飛び出す

夏はダイナミックなアルプス登山

岩の尾根道をたどる立山三山の縦走路。右寄りのピークは最高峰の雄山で山頂に雄山神社をまつる

?知っ得

岩、残雪、花、展望と高山の楽しさ満載、北アルプス・立山《たてやま》(富山県)

標高3015mの高山だが登山口の室堂は2450mで高山としては楽に登れる。氷河跡のカール地形を囲む雄大な景観がすばらしく、雄山神社がまつられるなど、古来、霊山として崇敬されてきた。[アクセス] 富山地方鉄道立山駅→立山黒部アルペンルート→室堂。[歩行時間] 3〜6時間

?知っ得

白い岩と砂がまぶしい、中央アルプス・木曽駒ヶ岳《きそこまがたけ》(長野県)

標高2956m、登山口の千畳敷駅は約2600m。千畳敷カールのお花畑から、岩と砂れきの斜面を1時間あまり登ると山頂に立てる。[アクセス] JR東海飯田線駒ヶ根駅→バス→ロープウェイ→千畳敷。[歩行時間] 往復約3時間

?知っ得

年間約30万人! 登山者数も日本一、富士山(山梨・静岡県)

ほかを圧する3776mの標高、整った姿で登山者を魅了する。夜行日帰りや1泊で登られるが、高いだけに荒天時の気象は厳しく、体力も必要。[アクセス] 山梨側:河口湖口・須走口ほか。静岡側:富士宮口・御殿場口。[歩行時間] 往復7〜12時間

203

雪山に登ってみたい

低い山ならスパッツ軽アイゼンがあればOK

靴に雪が入ったり、雪の上で滑ったりを防げる

やってはいけない
凍結している、岩場があるなど危険な山へ出かける

204

高い山にも登ってみたい

スノーシューを使う

雪にもぐりにくい。初めてでも楽しめる

やってはいけない
雪山の用具が不備で出かける。遭難の危険も

205

コースはどんなところがよい?

スキー場周辺のコース選ぶ

リフトを使えるので楽。スノーシューのレンタルがあるところも

やってはいけない
スノーシューではリフトに乗れないところに行く

206

ひとりでも大丈夫?

初心者はスクールやツアーを利用する

道迷い、悪天候など雪山特有の危険を避けられる

やってはいけない
ひとりで行く。雪山のノウハウがなく、事故を起こす

ビギナーも楽しめる雪山でも思わぬ危険性も

首都圏近郊の低山なら積雪がひざを超すことは少ない。降雪量より圧雪や凍結のスリップに注意が必要で、滑り止めの軽アイゼン、ストックなどは必ず用意したい。

最近、人気が急上昇しているのがスノーシュー。いわば西洋輪かんじきで軽い、雪に沈みにくい、斜面でもスリップもしにくい、特別な技術は不要ですぐ楽しめることなどが人気の理由だ。スノーシュー以外の装備は軽登山靴、レインスーツ、フリースやダウン、スキーやスノーボード用のウェアなどで間に合う。ツアーやスクールを利用すると手軽だ。

スノーシューを履くと深雪でももぐりにくく、雪の上を自由に歩ける

山を選べば冬の高山にも登れる

北横岳山頂から眺める八ヶ岳の連峰。ロープウェイに乗れば雪山としては比較的簡単に山頂に立てる

?知っ得

男体山などの高山に囲まれたなだらかな高原、奥日光・戦場《せんじょう》ヶ原《がはら》（栃木県）

湿原の戦場ヶ原（約1400m）と小田代ヶ原を一周し、男体山などの展望、カラマツやミズナラ林散策を楽しめる。全体に平坦でビギナーも不安は少ないが、少雪のことあり。［アクセス］JR・東武日光駅→バス→赤沼。［歩行時間］一周2〜3時間前後

?知っ得

大パノラマを楽しめる、北八ヶ岳・北横岳《きたよこだけ》（長野県）

標高約2473mの山頂に登り着くと北・中央・南アルプス、八ヶ岳など360度の展望が待っている。ピラタス蓼科ロープウェイで標高2240mの坪庭まで登れる。［アクセス］JR中央本線茅野駅→バス→ロープウェイ→坪庭。［歩行時間］往復2時間前後

?知っ得

谷川連峰を眺めてブナ林を下る、水上・宝台樹山《ほうだいぎやま》（群馬県）

スキー場のリフトで宝台樹山（標高1152m）の尾根まで登れる。展望を楽しんだら南側のブナ林を下る。途中から裏見ノ滝の氷瀑を往復も。［アクセス］JR上越線水上駅・上越新幹線上毛高原駅→バス→宝台樹スキー場。［歩行時間］1〜4時間

207

海外の山登りはたいへん?

トレッキング、ハイキングならビギナーにも

ロープウェイ利用、ポーター付きなど楽な山も多い

もっと知っ得　高山の頂上をめざす山は別。高度な登山技術が必要

208

海外の山に出かけると?

日本の山にはない魅力が待っている

4000mを超える標高、氷河、珍しい花などを体験できる

もっと知っ得　コースの難易度や特徴は日本の山以上に幅広いことに注意

209

富士山でも高山病にかかったので高度が心配

一気に標高を上げない計画にする

高度順化が順調に進み高山病になりにくい

もっと知っ得　体質的に高山病に弱い人もいるので事前にチェックを

210

言語、交通など不安がいっぱい

ツアー、現地ガイドなどを利用する

計画の立案、現地の引率などまでアドバイス、手配してもらえる

やってはいけない　日本食を全日分用意する。荷物が過剰

海外の山に出かける文字通り世界が広がる

海外にはエキスパートでないと登れない氷雪の高山がある一方、国内のハイキングと同レベルの体力や技術で行けるコースも豊富にある。

ヨーロッパ・アルプスでは、麓のホテルに泊まり、登りは鉄道やロープウェイを使う日帰りハイキングが主体。氷河を抱く山々の展望、豊富な高山植物などを手軽に楽しめる。

ヒマラヤはテント泊で数日から数週間にわたって歩くトレッキングで楽しまれている。荷物運び、キャンプ地での食事の支度などはポーターがしてくれる。1日の行動時間を短めにすれば、より楽に歩ける。

日本にない花を見られるのも楽しみ。写真はカナディアンロッキーに多いインディアン・ペイントブラシの仲間

世界へ飛び出そう

スイスアルプスのゴルナーグラートからリッフェルアルプへ下る道はマッターホルンの眺めがよい人気コース

?知っ得

氷河に囲まれた高山を眺めるハイキング、スイス・アルプス

ツェルマット、グリンデルヴァルトなど登山基地の街から登山電車やロープウェイで高所に登り、高原状の山腹を歩くスタイルが基本。観光的に整った国だけに、海外の山が初めてでも不安なく歩ける。フランスやイタリアにも同様のコースがある。

?知っ得

8000m峰を見上げる山旅、ヒマラヤ・トレッキング

頂上に立つことにこだわらず、エベレストのベースキャンプまでなどの道のりを数日から数週間の泊まりがけで歩く。ネパールの民俗、宗教なども見どころ。コースにより5000m前後の高所まで行くが、徐々に登るので高山病は標高の割に出にくい。

?知っ得

手つかずの自然が待っている、カナディアン・ロッキー

宝石のような湖を抱くレイク・ルイーズ、バンフなどを基地として、岩峰がそそり立つロッキー山脈の山懐を歩く。広大なお花畑に高山植物が咲き誇る盛夏が人気。宿泊施設やガイドツアーなどよく整備されながら原始の自然を保っているのも魅力。

いつか完登したい！

日本百名山リスト

山登りを始めようとしている、やり直そうとしている人なら、
いちどは耳にしたことがあるだろう。山岳書のベストセラー『日本百名山』。
著者の深田久弥の世界観とともに、個性豊かな山の魅力をぜひ感じてほしい。

登頂したらチェック ☑

☐ 磐梯山《ばんだいさん》　1819m　〈福島県〉

【尾瀬・那須・日光周辺】

☐ 会津駒ヶ岳《あいづこまがたけ》　2133m　〈福島県〉

☐ 那須岳《なすだけ》　1917m　〈福島県・栃木県〉

☐ 燧ヶ岳《ひうちがたけ》　2356m　〈福島県〉

☐ 至仏山《しぶつさん》　2228m　〈群馬県〉

☐ 武尊山《ほたかやま》　2158m　〈群馬県〉

☐ 男体山《なんたいさん》　2484m　〈栃木県〉

☐ 奥白根山《おくしらねさん》　2578m　〈栃木県〉

☐ 皇海山《すかいさん》　2144m　〈栃木県〉

☐ 赤城山《あかぎやま》　1828m　〈群馬県〉

【奥秩父・富士山周辺など】

☐ 筑波山《つくばさん》　877m　〈茨城県〉

☐ 両神山《りょうかみさん》　1723m　〈埼玉県〉

☐ 雲取山《くもとりやま》　2017m　〈埼玉県・東京都〉

☐ 甲武信岳《こぶしがたけ》　2475m　〈埼玉県・山梨県・長野県〉

☐ 金峰山《きんぷさん》　2599m　〈山梨県・長野県〉

☐ 瑞牆山《みずがきやま》　2230m　〈山梨県〉

☐ 大菩薩嶺《だいぼさつれい》　2057m　〈山梨県〉

☐ 丹沢山《たんざわさん》　1673m　〈神奈川県〉

☐ 富士山《ふじさん》　3776m　〈山梨県・静岡県〉

☐ 天城山《あまぎさん》　1406m　〈静岡県〉

【北海道】

☐ 利尻岳《りしりだけ》（利尻山《りしりざん》）　1721m　〈北海道〉

☐ 羅臼岳《らうすだけ》　1660m　〈北海道〉

☐ 斜里岳《しゃりだけ》　1545m　〈北海道〉

☐ 阿寒岳《あかんだけ》　1499m　〈北海道〉

☐ 大雪山《たいせつざん》　2290m　〈北海道〉

☐ トムラウシ山　2141m　〈北海道〉

☐ 十勝岳《とかちだけ》　2077m　〈北海道〉

☐ 幌尻岳《ぽろしりだけ》　2052m　〈北海道〉

☐ 後方羊蹄山《しりべしやま》（羊蹄山《ようていざん》）　1898m　〈北海道〉

【東北】

☐ 岩木山《いわきさん》　1625m　〈青森県〉

☐ 八甲田山《はっこうださん》　1584m　〈青森県〉

☐ 八幡平《はちまんたい》　1613m　〈秋田県・岩手県〉

☐ 岩手山《いわてやま》　2038m　〈岩手県〉

☐ 早池峰山《はやちねさん》　1917m　〈岩手県〉

☐ 鳥海山《ちょうかいさん》　2236m　〈秋田県・山形県〉

☐ 月山《がっさん》　1984m　〈山形県〉

☐ 朝日岳《あさひだけ》　1870m　〈山形県〉

☐ 蔵王山《ざおうさん》　1841m　〈宮城県・山形県〉

☐ 飯豊山《いいでさん》　2128m　〈福島県〉

☐ 吾妻山《あづまやま》　2035m　〈山形県・福島県〉

☐ 安達太良山《あだたらやま》　1709m　〈福島県〉

☐ 蓼科山《たてしなやま》　2530m　〈長野県〉

☐ 八ヶ岳《やつがたけ》　2899m　〈長野県・山梨県〉

☐ 木曽駒ヶ岳《きそこまがたけ》　2956m　〈長野県〉

☐ 空木岳《うつぎだけ》　2864m　〈長野県〉

☐ 恵那山《えなさん》　2191m　〈長野県・岐阜県〉

【南アルプス】

☐ 甲斐駒ヶ岳《かいこまがたけ》　2967m　〈長野県・山梨県〉

☐ 仙丈ヶ岳《せんじょうがたけ》　3033m　〈長野県・山梨県〉

☐ 鳳凰山《ほうおうさん》　2840m　〈山梨県〉

☐ 北岳《きただけ》　3192m　〈山梨県〉

☐ 間ノ岳《あいのだけ》　3189m　〈静岡県・山梨県〉

☐ 塩見岳《しおみだけ》　3052m　〈静岡県・長野県〉

☐ 悪沢岳《わるさわだけ》　3141m　〈静岡県〉

☐ 赤石岳《あかいしだけ》　3120m　〈静岡県・長野県〉

☐ 聖岳《ひじりだけ》　3013m　〈静岡県・長野県〉

☐ 光岳《てかりだけ》　2591m　〈静岡県・長野県〉

【北陸・紀伊半島など】

☐ 白山《はくさん》　2702m　〈石川県・岐阜県〉

☐ 荒島岳《あらしまだけ》　1523m　〈福井県〉

☐ 伊吹山《いぶきやま》　1377m　〈滋賀県〉

☐ 大台ヶ原山《おおだいがはらやま》　1695m　〈奈良県・三重県〉

☐ 大峰山《おおみねさん》　1915m　〈奈良県〉

【中国・四国】

☐ 大山《だいせん》　1729m　〈鳥取県〉

☐ 剣山《つるぎさん》　1955m　〈徳島県〉

☐ 石鎚山《いしづちさん》　1982m　〈愛媛県〉

☐ 九重山《くじゅうさん》　1791m　〈大分県〉

【九州】

☐ 祖母山《そぼさん》　1756m　〈大分県・宮崎県〉

☐ 阿蘇山《あそさん》　1592m　〈熊本県〉

☐ 霧島山《きりしまやま》　1700m　〈鹿児島県・宮崎県〉

☐ 開聞岳《かいもんだけ》　924m　〈鹿児島県〉

☐ 宮之浦岳《みやのうらだけ》　1936m　〈鹿児島県〉

【上信越】

☐ 谷川岳《たにがわだけ》　1977m　〈群馬県・新潟県〉

☐ 草津白根山《くさつしらねさん》　2578m　〈群馬県〉

☐ 四阿山《あずまやさん》　2354m　〈群馬県・長野県〉

☐ 浅間山《あさまやま》　2568m　〈群馬県・長野県〉

☐ 魚沼駒ヶ岳《うおぬまこまがたけ》（越後駒ヶ岳《えちごこまがたけ》）　2003m　〈新潟県〉

☐ 平ヶ岳《ひらがたけ》　2141m　〈群馬県・新潟県〉

☐ 巻機山《まきはたやま》　1967m　〈群馬県・新潟県〉

☐ 雨飾山《あまかざりやま》　1963m　〈新潟県・長野県〉

☐ 苗場山《なえばさん》　2145m　〈新潟県・長野県〉

☐ 妙高山《みょうこうさん》　2454m　〈新潟県〉

☐ 火打山《ひうちやま》　2462m　〈新潟県〉

☐ 高妻山《たかつまやま》　2353m　〈新潟県・長野県〉

【北アルプス】

☐ 白馬岳《しろうまだけ》　2932m　〈長野県・富山県〉

☐ 五竜岳《ごりゅうだけ》　2814m　〈富山県〉

☐ 鹿島槍ヶ岳《かしまやりがたけ》　2889m　〈長野県・富山県〉

☐ 剱岳《つるぎだけ》　2998m　〈富山県〉

☐ 立山《たてやま》　3015m　〈富山県〉

☐ 薬師岳《やくしだけ》　2926m　〈富山県〉

☐ 黒部五郎岳《くろべごろうだけ》　2840m　〈富山県・岐阜県〉

☐ 黒岳《くろだけ》　2986m　〈富山県〉

☐ 鷲羽岳《わしばねだけ》　2924m　〈長野県・富山県〉

☐ 槍ヶ岳《やりがたけ》　3180m　〈長野県〉

☐ 穂高岳《ほたかだけ》　3190m　〈長野県・岐阜県〉

☐ 常念岳《じょうねんだけ》　2857m　〈長野県〉

☐ 笠ヶ岳《かさがたけ》　2897m　〈岐阜県〉

☐ 焼岳《やけだけ》　2455m　〈長野県・岐阜県〉

☐ 乗鞍岳《のりくらだけ》　3026m　〈長野県・岐阜県〉

【八ヶ岳周辺・中央アルプス】

☐ 御嶽山《おんたけさん》　3067m　〈長野県〉

☐ 美ヶ原《うつくしがはら》　2034m　〈長野県〉

☐ 霧ヶ峰《きりがみね》　1925m　〈長野県〉

花とともに楽しむ!

花の百名山リスト

山と花をこよなく愛した田中澄江が綴った随筆集『花の百名山』。
可憐な花々との出会いを山登りの楽しみにしている人も多いだろう。
先の百名山と重複しているのは39座。ぜひ山選びの参考にしてほしい。

登頂したらチェック ☑

- □ 八幡平《はちまんたい》〈秋田県〉…イソツツジ・タテヤマリンドウ
- □ 大滝根山《おおたきねやま》〈福島県〉…シロヤシオ、シャクナゲ
- □ 鎌倉岳《かまくらだけ》〈福島県〉…コバノトネリコ、クリンソウ
- □ 早池峰《はやちね》〈岩手県〉…チシマコザクラ、ナンブイヌナズナ
- □ 田代山《たしろやま》〈福島県〉…キンコウカ
- □ 鳥海山《ちょうかいさん》〈秋田県・山形県〉…チョウカイフスマ、ニッコウキスゲ
- □ 月山《がっさん》〈山形県〉…ウズラバハクサンチドリ、クロユリ
- □ 羽黒山《はぐろさん》〈山形県〉…ミヤマヨメナ
- □ 栗駒山《くりこまやま》〈岩手県〉…ヒナザクラ、ムシトリスミレ
- □ 安達太良山《あたたらやま》〈福島県〉…ツリガネツツジ
- □ 五葉山《ごようさん》〈岩手県〉…ミネザクラ
- □ 利尻岳《りしりだけ》〈北海道〉…シコタンハコベ・ボタンキンバイ
- □ 礼文岳《れぶんだけ》〈北海道〉…レブンソウ、オオカサモテ
- □ 余市岳《よいちだけ》〈北海道〉…エゾカンゾウ
- □ 夕張岳《ゆうばりだけ》〈北海道〉…ユウバリソウ、ユウバリコザクラ
- □ 大千軒岳《だいせんげんたけ》〈北海道〉…サルメンエビネ
- □ 斜里岳《しゃりだけ》〈北海道〉…タカネナデシコ、エゾゼンテイカ
- □ 大雪山《だいせつざん》〈北海道〉…イワスミレ、ジンヨウスミレ・チョウノスケソウ
- □ アポイ岳《あぽいだけ》〈北海道〉…ミヤマハンショウヅル、アポイゼキショウ
- □ 富良野岳《ふらのだけ》〈北海道〉…ハクサンイチゲ
- □ 高尾山《たかおさん》〈東京都〉…フクジュソウ
- □ 大楠山《おおくすやま》〈神奈川県〉…フユノハナワラビ
- □ 御前山《ごぜんやま》〈東京都〉…カタクリ
- □ 三頭山《みとうさん》〈東京都〉…ハシリドコロ
- □ 幕山《まくやま》〈神奈川県〉…タツナミソウ
- □ 武甲山《ぶこうさん》〈埼玉県〉…セツブンソウ
- □ 高鈴山《たかすずやま》〈茨城県〉…センブリ
- □ 天城山《あまぎさん》〈静岡県〉…ヒメシャラ
- □ 三筋山《みすじやま》〈静岡県〉…イワウチウ
- □ 相模大山《さがみおおやま》〈神奈川県〉…ウラシマソウ
- □ 川苔山《かわのりやま》〈東京都〉…アズマイチゲ
- □ 雲取山《くもとりやま》〈埼玉県〉…フシグロセンノウ、イワウチワ
- □ 地蔵岳《じぞうだけ》〈群馬県〉…アツモリソウ
- □ 黒桧山《くろびやま》〈栃木県〉…クサタチバナ
- □ 至仏山《しぶつさん》〈群馬県〉…アズマギク
- □ 大岳山《おおたけやま》〈東京都〉…イワウチウ
- □ 高水山《たかみずやま》〈東京都〉…ツルリンドウ
- □ 鶏頂山《けいちょうさん》〈埼玉県〉…ショウジョウバカマ
- □ 大菩薩岳《だいぼさつだけ》〈山梨県〉…ギンバイソウ、スズラン
- □ 武州御嶽山《ぶしゅうみたけさん》〈埼玉県〉…ウケラ、エイザンスミレ
- □ 生藤山《しょうとうさん》〈東京都〉…ホタルカズラ
- □ 石割山《いしわりやま》〈山梨県〉…オオバギボウシ
- □ 尾瀬沼《おぜぬま》〈群馬県〉…ギョウジャニンニク

□ 戸隠山《とがくしやま》〈新潟県〉…クリンソウ

□ 火打山《ひうちやま》〈新潟県〉…ミョウコウトリカブト

□ 縞枯山《しまがれやま》〈長野県〉…オサバグサ

□ 爺ヶ岳《じいがたけ》〈長野県〉…カライトソウ

□ 鹿島槍ヶ岳《かしまやりが》〈長野県〉

…タカネツメクサ、シナノキンバイ、オヤマノエンドウ

□ 五頭山《ごずさん》〈新潟県〉…オオイワカガミ

□ 高峰山《たかみねやま》〈長野県〉…コウリンカ

□ 霧ヶ峰《きりがみね》〈長野県〉…ヤナギラン

□ 志賀高原《しがこうげん》〈長野県〉…イブキジャコウソウ

□ 浜石岳《はまいしだけ》〈静岡県〉…ヤマユリ

□ 三上山《みかみやま》〈滋賀県〉…テイショウソウ

□ 藤原岳《ふじわらだけ》〈滋賀県〉

…フクジュソウ、ヒロハアマナ、アワコバイモ

□ 霊仙山《りょうぜんざん》〈滋賀県〉…ヒロハノアマナ

□ 二上山雄岳《にじょうさんおだけ》〈京都府〉…テイショウソウ

□ 葛城山《かつらぎさん》〈奈良県〉…ミヤマラッキョウ

□ 愛宕山《あたごやま》〈京都府〉…オタカラコウ

□ 御池岳《おいけだけ》〈滋賀県〉…ヤマエンゴサク

□ 大台ケ原山《おおだいがはら》〈奈良県〉…イナモリソウ

□ 大山《だいせん》〈鳥取県〉…シラヒゲソウ

□ 天狗高原《てんぐこうげん》〈高知県〉…ユキモチソウ

□ 東赤石山《ひがしあかいしさん》〈愛媛県〉…コイチョウラン

□ 横倉山《よこぐらやま》〈愛媛県〉…オオバノトンボソウ

□ 石鎚山《いしづちやま》〈愛媛県〉…キレンゲショウマ

□ 丸笹山《まるざさやま》〈高知県〉…ワチガイソウ

□ 剣山《つるぎさん》〈徳島県〉…クリンユキフデ

□ 霧島山《きりしまやま》〈宮崎県〉…マイヅルソウ、フガクスズムシソウ

□ 久重山《くじゅうさん》〈大分県〉…ツクシフウロ

□ 祖母山《そぼさん》〈大分県〉…カキラン

□ 十勝岳《とかちたけ》〈北海道〉…イワブクロ

□ 沼《ぬま》の平《たいら》〈北海道〉…サンカヨウ

□ 羅臼岳《らうすだけ》〈北海道〉…チシマツガザクラ、ジムカデ

□ 樽前山《たるまえやま》〈北海道〉…ウラジロタデ

□ 雌阿寒岳《めあかんだけ》〈北海道〉…メアカンフスマ

□ 空沼岳《そらぬまたけ》〈北海道〉…オクトリカブト

□ 雨龍沼《うりゅうぬま》〈北海道〉…ヒオウギアヤメ

□ 国師ケ岳《こくしがたけ》〈埼玉県〉…クモイコザクラ

□ 葦毛湿原《いもうしつげん》〈東京都〉…シラタマホシクサ

□ 金峰山《きんぷさん》〈山梨県〉…シャクナゲ

□ 白山《はくさん》〈石川県〉

…ミネズオウ、モミジカラマツ、ハクサンチドリ、ハクサンコザクラ

□ 立山《たてやま》〈富山県〉…イワイチョウ

□ 薬師岳《やくしだけ》〈富山県〉…キバナノシャクナゲ

□ 黒部五郎岳《くろべごろうだけ》〈岐阜県〉…チングルマ

□ 五色ヶ原《ごしきがはら》〈富山県〉…クロユリ

□ 弓折岳《ゆみおりだけ》〈富山県〉…ムシトリスミレ

□ 双六岳《すごろくだけ》〈富山県〉…コバイケイソウ

□ 仙丈岳《せんじょうだけ》〈長野県〉

…シナノナデシコ、イワギキョウ、シコタンソウ

□ 根子岳《ねこだけ》〈長野県〉…ウメバチソウ

□ 苗場山《なえばやま》〈新潟県〉…ツルコケモモ

□ 霧ノ塔《きりのとう》〈長野県〉…トキソウ

□ 守屋山《もりやさん》〈長野県〉…ザゼンソウ

□ 黒斑山《くろふやま》〈長野県〉…ヒメシャジン

□ 浅間山《あさまやま》〈長野県〉…ムラサキ

□ 槍ケ岳《やりがたけ》〈長野県〉…トウヤクリンドウ

□ 白馬岳《しろうまだけ》〈長野県〉

…コマクサ、リンネソウ、イワイチョウ

□ 木曽駒ヶ岳《きそこまがたけ》〈長野県〉…ヒメウスユキソウ

□ 御嶽山《おんたけさん》〈長野県〉…リンネソウ

□ 西穂高岳《にしほたかだけ》〈長野県〉…センジュガンピ

クラブツーリズム山登り担当スタッフが厳選！

初心者でも大満足の日本百名山ベスト3

憧れの日本百名山に挑戦してみたいけど、
どれから登ったらいいかわからないし自信もない…
そんなあなたにぴったりな山が見つかる、厳選の日本百名山！

Q1. 初登山でも問題ない山は？

1. 霧ヶ峰　**2.** 八幡平　**3.** 伊吹山

どの山も山頂近くまで車でアプローチ可能、登山と言うよりはハイキングに近い山です。季節の花などが美しく、まずは自然の中でのウォーキングを体験してみましょう。

Q2. 春～初夏におススメの山は？

1. 筑波山　**2.** 天城山　**3.** 開聞岳

いわゆる「低山」の部類に入るこれらの山は、真夏に登ると暑くて大変…。夏の高山に備えての足慣らしにおススメです（晩秋～早春の時期も適しています）。

舘田明
日本百名山をめざす
会・山旅スクール担当

Q3. 夏におススメの山は？

1. 富士山　**2.** 北岳　**3.** 槍ヶ岳

日本有数の高山であるこれらの山は、一般登山者が登れるのは夏に限られます。いずれも3000メートル峰、経験ある同伴者と十分な準備の上、臨みましょう。

仲間と山登りに出かけよう！

「実際のフィールドで山登りの基礎を学びたい」「ひとりで行くのは不安」。そんな人にぴったりなのが旅行会社が企画している登山ツアー。添乗員に加え、多くのツアーに登山経験豊かなガイドが同行している。山の難易度・危険度に応じて、参加者の人数と引率者の人数の比率を変えるなど、安全管理を徹底しているのはもちろんだが、いちばんのメリットは初心者でも、ひとりでも、安心して山登りができること。交通費はもちろんだが、個人でガイドを頼むことを考えると費用的な割安感はさらに増す。研さんを積んだガイドから直接、山登りの技術や山の魅力を教えてもらう機会を、是非ツアーを利用して体験してほしい。他の参加者との交流も大きな魅力。同じ山を目指し登った達成感で結ばれた仲間との出会いは、山登りの思い出をより深いものにしてくれる。

Q4. 紅葉がおススメの山は？

1. 大雪山　2. 穂高岳　3. 草津白根山

銀泉台・高原沼・裾合平（大雪山）、涸沢（穂高岳）、芳ヶ平（草津白根山）など、山麓に日本有数の紅葉名所。無理に山頂を目指さずに紅葉狩りを楽しむのも一興です。

木村卓泰
北海道〜富士山まで東日本の登山ツアー担当

Q5. 岩場に挑戦できる山は？

1. 瑞牆山　2. 四阿山　3. 両神山

いずれの山も山頂付近の一部のみが岩場。難易度はさほど高くないため、初級者から中級者まで幅広いレベルの方のチャレンジに適しています。

Q6. 初心者でも行ける雪山は？

1. 美ヶ原　2. 蔵王山　3. 八甲田山

美ヶ原は山頂直下に通年営業のホテルがあります。蔵王・八甲田は樹氷が見事ですが、初心者は山頂を目指すのでなく、スキー場のゲレンデ周辺で鑑賞しましょう。

鷲尾太輔
関東近郊の日帰り登山ツアー担当

Q7. 標高が高くても楽に登れる山は？

1. 乗鞍岳　2. 木曽駒ヶ岳　3. 立山

いずれもかなりの標高まで山岳道路やロープウェイでアプローチできます。ただし、急に高いところに上がるのでかえって高山病に罹りやすい側面もあるので要注意。

Q8. 高山植物が美しい山は？

1. 白馬岳　2. 白山　3. 早池峰山

シロウマチドリ、ハクサンイチゲ、ハヤチネウスユキソウなど、山の名前を冠した固有種をはじめ、初夏〜夏にかけて見事なお花畑に包まれる山です。

窪田一紀
日本アルプス〜屋久島まで西日本の登山ツアー担当

Q9. 温泉も満喫できる山は？

1. 八ヶ岳　2. 那須岳　3. 安達太良山

本沢温泉（八ヶ岳）、三斗小屋温泉（那須岳）、くろがね温泉（安達太良山）と山中に秘湯の宿があります。山の素朴な「いで湯」で、汗を流しましょう。

知っておくと かっこがつく 山の用語集

【アイゼン】

靴底につける金属製の滑り止め。軽アイゼンには４～６本、本格的なアイゼンには８～１２本ほどの爪がある

【ウォーミングアップ】

運動や山登りの前に軽く体を動かして、体を温め馴らすこと

【右岸・左岸】（うがん・さがん）
谷や川を上流から下流に向かってみたときの右側の岸を右岸、その反対側を左岸という。登りは逆向きになるので右側が左岸である

【浮き石】（うきいし）
斜面などにある不安定な石のこと

【エスケープルート】

天候が急変したり体調を崩したりしたときに、近道で安全に下山できるルート

【尾根】（おね）
谷と谷の間、山頂と山頂の間にのびる高まり。山頂と山頂の間などで顕著な尾根は稜線ともいう

【お花畑】（おはなばたけ）
高山植物が自然に群生して咲いているところ

【がれ】

砕石の堆積した斜面。がけが崩れて岩石がごろごろしているところ。砂利の斜面はザレという

【キジ撃ち】（きじうち）
男性が山中のトイレのない場所で用をたすこと

【クーリングダウン】

運動や山登りのあとで軽く運動すること

【行動食】（こうどうしょく）
山登りの最中や短い休憩時にとる食事

【ゴーロ】

大きな石や岩がごろごろと転がっているところ

【沢登り】（さわのぼり）
道のない沢から登る山行スタイル。岩登り、ルートを探す力などが必要でベテラン向き

【山行】（さんこう）
山に行くこと

【GPS】

グローバル・ポジショニング・システム。人工衛星を利用して現在地を調べられる

【しゃりバテ】

米のご飯を食べないために元気がでないこと。空腹のためにパワーが出ないこと

【森林限界】（しんりんげんかい）
高山では高木が生育できない。高木からハイマツなどの低木林や草原に変わる山の境界

【スノーシュー】

雪の上を歩くための用具。西洋輪かんじき

【高巻】（たかまき）
足場の悪いところを避けて迂回すること

【ツェルト】

軽量でコンパクトな簡易テント

【登山口】（とざんぐち）
山への登り口。車道から登山道へ入る入り口。下りてくるところは下山口という

【トラバース】

横断すること。縦走路にある山を、その頂上へ行かずに山腹を横ぎること。「巻く」ともいう　例：巻き道

【パーティ】

登山グループ。いっしょに山登りを行う仲間やグループ

【パッキング】

ザックなどに荷物を詰めること。その詰め方

【花摘み】（はなつみ）
女性が山中のトイレのない場所で用をたすこと

【ビバーク】

ツェルトなどの簡単な用具を張って緊急避難的に野営すること

【二俣・二又】（ふたまた）
登山道、沢などの分岐点

【ヤブ】

登山道がはっきりしなかったりまったくなかったりする山をヤブという。ヤブをかきわけて進むことをヤブ漕ぎという

【レスキューシート】

アルミ箔でできた保温シート

編者　クラブツーリズム株式会社
　　　NPO法人　CSP(クリエイティブ・スポーツ・パートナーズ)
プロデューサー　松尾里央
編集・制作　ナイスク（http://naisg.com）
　　　松田紗代子
執筆　石丸哲也
デザイン　Glove.Inc（www.g-love.org）
　　　利根川裕、橘亜希
イラスト　山口正児
写真協力　石丸哲也、魚住貴弘
協力　カモシカスポーツ

始める・やり直す
40歳からの山登り
ケガなく長続きする知恵と裏技

2011年7月24日　初版発行

編　者　クラブツーリズム／NPO法人CSP
発行者　五百井健至
発行所　株式会社阪急コミュニケーションズ
　　　　〒153-8541　東京都目黒区目黒1丁目24番12号
　　　　電話　03-5436-5721（販売）
　　　　　　　03-5436-5735（編集）
　　　　振替　00110-4-131334

印刷・製本　図書印刷株式会社

Printed in Japan
ISBN978-4-484-11219-0